EL OCTAEDRO

EL OCTAEDRO

Encuentra la armonía
diseñando tu propio estilo de vida

Javier Saurin Cloquell

Título: *El octaedro: Encuentra la armonía diseñando tu propio estilo de vida*
© 2022, Javier Saurin Cloquell

De la maquetación: 2022, Romeo Ediciones
Del diseño de la cubierta: 2022, RomeoEdiciones

Primera edición: agosto 2022

Impreso en España

ISBN-13: 978-84-19374-43-1

ÍNDICE

Un trocito de mí, ¿por qué nace este libro?

Si alguna vez has sentido desconexión, vacío interno, sin duda este libro es para ti.

No es que tenga las soluciones para arreglar tus problemas, pero te aseguro que puede ayudarte a definir qué es lo que quieres; a mi parecer, un gran primer paso. He escrito el libro que me hubiera gustado leer con 16 años, cuando la sensación de no encontrarme a mí mismo y de estar perdido en un mar de opciones, era intensa y dolorosa. Me faltaba mucho conocimiento -tanto interno como externo- para ser capaz de tomar mis propias decisiones. Desde luego, no era algo que fuera a aportarme el sistema educativo, completamente desfasado con las necesidades sociales actuales.

¿Cuál fue mi solución?

Huir del problema.

Como no tenía soluciones y tampoco sabía dónde buscarlas, simplemente me dediqué a adaptarme a lo que pedía mi entorno. El deporte -una de mis grandes pasiones-, las relaciones sociales y los videojuegos calmaban el sufrimiento, pero eran simplemente parches. Cubrir con un velo ayuda a no ver, a esquivar, pero a nada más. El conflicto seguía existiendo, variando en intensidad en función de los acontecimientos de mi vida. Los momentos buenos me ayudaban a disfrutar más y sentirme mejor; los malos me llevaban al aislamiento, el sufrimiento y la desconexión.

¿De qué dependía que experimentara momentos buenos o malos?

Del azar, la casualidad, el entorno, las circunstancias.

Cuando no eres capaz de controlar tu propio poder ni dirigirlo a nada en concreto, simplemente pasan cosas. En el momento en el que únicamente respondes a lo que sucede fuera sin ninguna orientación, dependes totalmente del entorno para tener la vida que quieres. Entonces...

¿Quién dirige tu vida?

Te aseguro que, si te sientes identificado con el párrafo anterior, tú no.

Las personas de tu alrededor, tus referencias y tu contexto social te dirigen. Sin embargo, su buena voluntad no asegura el destino que te pertenece y mereces.

Como podrás adivinar, así vivía yo, alternando épocas buenas y malas, dejándome llevar por mi entorno e intentando encajar en él tanto a nivel personal como laboral. Progresivamente, crecía en mí una necesidad de encontrar respuestas, ya que sentía que algo estaba fallando. La sensación de estancamiento, aburrimiento, dependencia y ausencia de ilusiones era muy desagradable.

A los 29 años, decidí contactar con una *coach* de desarrollo personal con el simple objetivo de ganar confianza, seguridad, y ser capaz de tomar mis propias decisiones. Siempre le estaré agradecido; fueron mis primeros pasos en el camino hacia el autoconocimiento y, además, gané muchas herramientas para mejorar mi gestión emocional. Afortunadamente, tras unas pocas sesiones alcancé la suficiente confianza como para comenzar a tomar decisiones. La principal fue dejar de trabajar en el gimnasio donde inicié mi profesión como entrenador personal, y entablar un proyecto apasionante en una clínica multidisciplinar de salud junto a otros profesionales.

Después de unos meses, fui contratado para dirigir e impulsar el servicio de entrenamiento personal, que hasta ese instante apenas existía. Enseguida sentí una gran ilusión, con ganas de aportar y mejorar la calidad de la clínica, así como el servicio hacia los pacientes. Pero pronto aparecieron los viejos fantasmas de las dependencias externas. Al estar contratado, sentía que había perdido parte de la libertad que tenía como autónomo. Yo quería ser socio de la clínica para eliminar esa sensación, pero el propietario no pensaba que fuera la mejor opción. Ahora mismo, me siento agradecido por su confianza al contratarme y por su buen juicio al evitar una operación prematura que hubiera sido un completo desastre para los dos, pero esto afectó a mi rendimiento.

Me surgieron preguntas: ¿Me implico al máximo en un proyecto que no es mío? ¿Qué he ganado con el cambio? Simplemente hacer lo mismo, pero en otro lugar.

Las expectativas que creé respecto al proyecto de la clínica no se plasmaron en la realidad. Mantener la esperanza fue una decisión personal, una equivocación y una gran fuente de insatisfacción, aunque en ese momento no era consciente de ello. Sin ninguna duda, aún no había aprendido la lección.

En enero de 2020, seis meses después de marcharme del gimnasio, me quedé sin energía.

Las jornadas de trabajo de entre 6 y 10 entrenamientos personales diarios en Valencia, más la preparación física del Club Baloncesto Liria y una dedicación intensa a una relación personal -que, ni era una relación ni me generaba emociones positivas- me dejó inerte. Vives, pero sin alma. Caminas sin percibir dónde das los pasos. Permaneces en modo automático, como una máquina que sólo sabe hacer, añadiendo el dolor y el sufrimiento de sentir que nada de lo que haces es suficiente.

Finalmente, y como era de esperar, llegó el momento que daría la vuelta a mi vida definitivamente. El primer confinamiento mundial de la historia me dio el impulso necesario para que comprendiera lo que estaba ocurriendo. Todo se derrumbó. La liga de baloncesto acabó, la clínica cerró y la relación murió.

¿Qué iba a hacer, si todos los motivos que me movían habían desaparecido?

La oscuridad salió en su máxima expresión de mi interior, y esta vez, no era posible esquivarla ni con trabajo, ni con deporte, ni con otras relaciones. La capacidad de continuar huyendo desapareció de sopetón.

Sólo quedaban dos opciones: Abandonar la vida o renacer.

Por suerte, tuve la suficiente fe en mí mismo para optar por la segunda. La autoformación y el desarrollo personal entraron en mi vida como prioridad número uno. La ausencia de respuestas ya no servía como excusa; las iba a encontrar del modo que fuera necesario. Desde entonces, comencé a escuchar a profesionales, a leer y a aprender con gran constancia. Las soluciones que encontraba me salvaron la vida: por fin me di cuenta de que la abundancia podría entrar dentro de mis valores, que la vida no es un juego de suma cero.

Una vez finalizó el confinamiento, volví a realizar entrenamientos personales, pero ya de forma independiente. Desarrollé un programa de entrenamiento online con la ayuda de personas que confiaron en mí y siempre me apoyaron. Gracias, gracias, gracias.

A pesar de que todo iba bien y la evolución estaba siendo positiva a nivel laboral, algo me sucedía. Una sensación de angustia me acosaba constantemente, el cambio interno era demasiado profundo para vivir como antes y la emoción de auto traición crecía sin cesar.

Tras un periodo de reflexión, tomé la decisión de dejar de vivir en Valencia, renunciando a clientes que amo y que han confiado en mí durante años. No fue fácil, abandonar un proyecto de vida para comenzar otro, morir para renacer. Volví a Yecla, mi ciudad natal, con la idea de estar allí una temporada y viajar posteriormente al extranjero. Uno de mis grandes deseos siempre había sido vivir fuera de España durante algún tiempo, pero por diversas circunstancias aún no había dado ese paso. La falta de valentía y apego a la seguridad influyeron, sin duda, pero ahora era el momento perfecto.

Después de esto, comenzaron a aparecer personas que me facilitaban el camino que estaba buscando. Es curioso como la vida te presenta lo que necesitas cuando estás abierto a recibirlo y eres capaz de soltar lo que ya no hace falta. Con la ayuda de mi mentor, Rubén Sánchez, comencé a estudiar intensamente una nueva metodología de entrenamiento deportivo basada en la conciencia. Gracias a ella, ahora conozco el camino para plantear la actividad física desde dentro hacia fuera, permitiéndome acceder al origen de los problemas relacionados con la salud. Por fin, lo que tanto ansiaba: un sistema que penetra en el interior de la persona para manifestar los cambios externamente. Si algo puedo asegurar, es que la única transformación que es capaz de perdurar en el tiempo es la interna.

A la par, el programa *Escritor voraz* de Jesús Honrubia y Luis García llegó a mí. Sin duda, escribir un libro es un gran reto, pero siempre he pensado que escribiría uno en algún momento de mi vida.

¿Por qué no ahora?

Disponía de más tiempo libre que nunca y me ayudaría a conocerme mejor a mí mismo; así que, me lancé a por ello con firmeza.

Ahora ya conoces el camino que me ha llevado a ti para que puedas leer este libro. Espero que mis fracasos, aprendizajes y experiencias puedan ayudarte al máximo a dar luz a lo que te hace bien y a lo que te hace mal, con el fin de diseñar tu propio estilo de vida.

El primer paso siempre es el más grande, y comienza por creatividad o por necesidad

Ojalá en tu caso, sea por sentirte creativo. El dolor de la necesidad no es nada agradable. Aunque tengo que decir que estoy profundamente agradecido a todo lo que me ha traído a este momento. Ahora, a mis 31 años, soy capaz de fluir con la vida, de ser fiel a mí mismo sin exigir factores externos, me siento mejor que nunca.

O vives con tus reglas, o vives con las reglas de otros

Ha llegado el momento de dar mi mejor versión al mundo, viviendo y fomentando un estilo de vida consciente a la vez que ayudo a deportistas a alcanzar su máximo rendimiento. Voy a darlo todo, ya que por fin siento una armonía interna que me lo permite. Querido lector, no dejes pasar ni un día más, define tu estilo de vida ya, marca completamente la diferencia.

¿Qué es el estilo de vida?

Quiero darte la enhorabuena, ya que no es nada fácil comenzar un proceso de introspección profundo hacia uno mismo. El hecho de que tengas la voluntad de indagar y descubrir lo que se halla en tu interior, con todo el ruido que nos rodea, merece mi máximo respeto y admiración.

Tu estilo de vida abarca todos los ingredientes de lo que expresas en el mundo, desde la acción más rutinaria -como dormir- hasta tus mayores logros personales y profesionales. Asimismo, tu entorno es fundamental y es conveniente prestarle atención, ya que su poder e influencia es enorme. Es un concepto holístico que abarca todo lo que generas en el mundo, a la vez que determina tus creencias, pensamientos, emociones y acciones.

Ahora, quiero preguntarte lo siguiente:

¿Has elegido tu estilo de vida?

Reflexiona el tiempo que necesites sobre esta pregunta, porque, posiblemente, si la dejas fluir, aparecerán muchas más en consecuencia.

Tu estilo de vida define cómo vives, qué haces,
y cómo te relacionas en este mundo,
¿lo has elegido tú?

Cuando se habla del estilo de vida, normalmente se relaciona con la salud. No hay duda de que las acciones que realizas cada día influyen en el estado de tu cuerpo,

¿pero no te parece demasiado delimitado? Es decir, tu estilo de vida tiene una relación directa con tu salud. Perfecto. Pero, ¿con nada más? ¿Y qué hay de la coherencia, de los valores, de la armonía, de la sensación de disfrutar y vivir en plenitud?

El estilo de vida es mucho más amplio. Lo incluye todo, absolutamente todo. Entonces, ¿por qué no se define? Dejarse llevar por el piloto automático, sin tomar conciencia de si las acciones diarias nos dirigen a la vida que queremos, es una seña de identidad en nuestra sociedad actual. Las metas determinadas por la cultura que relacionan el éxito y las responsabilidades con elementos muy concretos, nos empujan a perseguirlos sin razonar si son para nosotros, si realmente vibramos con ellos. La posición social, el dinero, las pertenencias y ciertas experiencias como viajar o acudir a restaurantes bonitos gozan de mucha popularidad. Esto está muy vinculado al placer; y queremos sentir ese placer, encontrar ese "éxito social" y así formar parte del porcentaje de población que tiene una vida deseada, privilegiada, que está disfrutando plenamente de su vida.

Las tendencias sociales no son ni buenas ni malas en sí mismas. El problema es aspirar a ellas por influencias externas, cuando realmente no es una elección personal o algo que se ambicione hacer

No quiero criticar nada en absoluto. Yo soy el primero al que le gusta disfrutar y las experiencias gratas nunca sobran. La cuestión es si se hace o se aspira a lo que la masa social acepta de forma generalizada como bueno, como placer y éxito o, por el contrario, es una elección personal.

Abruman el ruido, los estímulos en todas direcciones, los conceptos mezclados y el predominio de mostrar lo externo, lo visible. En consecuencia, olvidamos nuestra luz interior, la que nos guía por el verdadero camino. Para darle poder a esa luz, es necesario que conectes con tu esencia, con tu naturaleza. Si te dejas llevar, la fuerza de la masa te arrastrará con sus creencias y preferencias. Tu ego ganará terreno y buscará recompensas para satisfacer su deseo, inagotable y sediento de objetivos. También se verá atraído por la aprobación social, por cada beneplácito que recibas desde el exterior, aunque llegue de acciones que no te interesan ni disfrutas lo más mínimo.

Darle fuerza a tu ego es quitarte poder a ti mismo

Tu poder se origina desde tu esencia, autoestima, autoconfianza, autoconcepto, conciencia, evolución constante, relaciones personales estimulantes, entorno energizante, creencias personales capacitantes.

Teniendo en cuenta esto, ¿cuánto tiempo crees que dedicas a crecer cada día?

Cultiva tu semilla para crecer y expandirte en el mundo con los brazos abiertos, preparándote para recibir las experiencias más gratificantes y grandiosas que te pueda ofrecer la vida. Lo bueno requiere una predisposición que depende exclusivamente de ti.

Las recompensas tienen un precio, ¿estás dispuesto a pagarlo?

Manifestar la vida que anhelas en el mundo es una posibilidad. Si la puedes imaginar, confías y crees con determinación y persistencia, habrás creado la casilla de salida de un juego, el juego de alcanzar tus sueños. Después, tan sólo queda jugar. Muchas veces tendrás que retroceder, otras avanzarás tan rápido que no te dará tiempo a asimilar todo lo nuevo que está llegando. Y jugando, se llega al destino.

Si dejas de tirar los dados, de confiar, se acabó el juego

Muchos autores explican que los obstáculos aparecen para que demuestres si realmente deseas alcanzar tus sueños. Evalúan tu fortaleza, tu resiliencia y tus conocimientos; tu capacidad de aprendizaje y adaptación, y la actitud con la que afrontas los retos que plantea la vida.

No existen problemas sin solución, ya que lo que no tiene solución deja de ser un problema. Simplemente, se abre otra oportunidad

Te animo a jugar y llegar a la última casilla, pero no te aseguro un camino fácil. Ir contracorriente puede ser muy duro en ocasiones, aunque el aprendizaje que vas a recibir y la persona en la que te vas a convertir tiene un valor incalculable. Tengo la convicción de que, elevándonos por encima de la búsqueda una misión o un propósito, venimos al mundo a experimentarnos a nosotros mismos: a desarrollar nuestro potencial y expandir nuestro mensaje, aportar y dar lo mejor que somos a este mundo, aprender de cada persona y lugar con el que tengamos la suerte de coincidir.

Es una pena que los miedos y el sufrimiento nos alejen de la auténtica expresión de lo que somos y de lo que podemos llegar a ofrecer a los demás. Por ello, es fundamental darle la importancia que merece a la conciencia y al trabajo interno. Lo que no se cultiva con cariño no puede crecer, es el mejor regalo que te puedes hacer. Tu estilo de vida puede potenciar la conexión contigo mismo o eliminarla al completo. Ha llegado el momento de decidir si vas a apostar por la vida que quieres vivir.

El octaedro del estilo de vida

Vamos a comenzar el juego de alcanzar tus sueños. Pero primero es necesario diseñar el personaje, luego construir el tablero y, finalmente, lo más divertido, jugar.

Los senderos visibles siempre son más agradables, y por ello he creado un camino ordenado, intuitivo y gráfico. Consiste en el octaedro del estilo de vida.

El octaedro como figura geométrica, según los sólidos platónicos, está relacionado con el elemento aire. Representa el amor, la compasión, y la sintonización con nuestra verdadera naturaleza. Es la semilla de nuestra nueva vida, y no se me ocurre una figura mejor para representar todo lo que quiero transmitir con este libro.

El camino tiene tres partes:

1. La pirámide de la oscuridad: autoconocimiento

Cuando entres en el octaedro, avanzarás hacia la pirámide inferior, oscura, tenebrosa quizá, pero donde se halla tu verdad.

Para encontrar tu luz es necesario que aprendas a abrazar tus sombras

Iniciaremos un camino de introspección muy profundo, en el que aumentaremos la conciencia de tu cuerpo, mente, emociones y ser espiritual, las cuatro caras de esta pirámide. Si consigues experimentar y superar las diferentes pruebas, tu autoconocimiento llegará a tal nivel que te permitirá conectar con tu verdadera naturaleza y ser capaz de reconocer lo que te funciona para vivir en sintonía contigo mismo. Una vez lo consigas, estarás preparado para elevarte al siguiente nivel.

2. La pirámide de la luz: entorno

Salimos de la oscuridad para admirar la luz del mundo, lleno de oportunidades, personas maravillosas y lugares que descubrir. Ahora que eres más consciente de ti mismo serás capaz de detectar lo que es bueno para ti fuera, desde una posición más segura y confiada.

Las aventuras dignas de contar tienen un propósito acorde a la voluntad del protagonista. Un viaje sin rumbo no deja de ser una acción completamente inconsciente

Nuestro entorno está definido por las relaciones personales, las pertenencias, los espacios y la cultura. La capacidad de reconocer tus preferencias sobre cada aspecto, a la vez que relacionarte con ellos de forma agradable, facilitarán tu interacción con el mundo.

Pero el camino no acaba aquí.

3. Armonía

La convivencia en armonía con uno mismo y el entorno, a través de una vida consciente, otorga las suficientes herramientas para vivir a pleno rendimiento y felicidad aceptando cada acontecimiento que llega a la vida. La expresión de tu esencia en un entorno que impulsa el autodesarrollo y la felicidad, vivir 24 horas al día gozando de una existencia plena. No cabe duda de que seguirán sucediendo problemas y aparecerá el dolor, pero tendrás el poder suficiente para afrontar cualquier situación con solvencia.

Si existe una palabra que resume la finalidad de este libro, es, sin duda, *armonía*.

Una vida en armonía requiere las siguientes características:

- Establecerse en la autenticidad
- Un estilo de vida acorde a la esencia individual
- El equilibrio entre la oscuridad y la luz (interior-exterior)

Espero, de corazón, poder ayudarte en este sensacional viaje hacia tu propia armonía y que este libro sea un impulso para que puedas materializar la vida que es para ti.

PRIMERA PARTE

Rompe con lo preestablecido

1. Deja fluir tus preguntas

Lo importante es no dejar de hacerse preguntas
Albert Einstein

¿Para qué sirven las preguntas? ¿Cuál es su origen y función en la evolución de la humanidad?

Las preguntas permiten imaginar escenarios que no existen para manifestarlos en la realidad, creando así lo subjetivo en lo objetivo

El ser humano tiene la capacidad de imaginar. Prácticamente, todo lo nuevo nace desde la curiosidad, la imaginación y la búsqueda de encontrar soluciones a los problemas. Gracias a este superpoder hemos creado la civilización, la cultura y la forma de vida actual. Por lo tanto, las preguntas sirven para plantear las necesidades, anhelos, voluntades, problemas...cualquier cosa que se quiera cambiar, transformar. Al esquivar las preguntas, se evita el cambio, negando el propio poder. Y, como ya sabes, lo que no se utiliza se deteriora, llegando incluso a olvidar que esa capacidad existe dentro de ti.

Los niños son un claro ejemplo de la naturaleza creadora del ser humano. Ellos juegan y experimentan con la imaginación constantemente mediante el juego. No tienen ningún problema en construir castillos con cartón, espadas mágicas con madera, o competir en los juegos olímpicos en el patio de su casa.

¿Por qué olvidamos nuestro propio poder creador?

Desde luego es una pregunta que abre un melón enorme y me encantaría conversar con cada uno de vosotros sobre el tema. Sin embargo, vamos a avanzar directamente a la consecuencia. Este esquema te ayudará a visualizarlo:

Esquivar preguntas › Alejar soluciones › Negar poder › Seguir a las masas › Vivir en modo automático › Olvidar quién eres

Cada vez que una pregunta trascendental llega a ti, y abandonas la reflexión para sumergirte en trabajo, redes sociales o ver la televisión, estás negando una conversación con la persona más importante de tu vida. Y ya sabes que me refiero a ti, querido lector.

El problema de esquivar las preguntas es que renuncias a encontrarte contigo mismo

Espero que le prestes la atención que se merecen a todas las preguntas que aparecen en tu mente de forma espontánea y te generan cierta incomodidad; de ahí puedes sacar jugo. Exprime esas preguntas, hasta la última gota.

2. Las ficciones colectivas

No hay algo que conozcamos que no provenga de la percepción de los sentidos, de la comprensión del alma y del entendimiento de la mente

Aristóteles

La información que recibes está al servicio de cómo la procesas. Si percibes una situación como un problema, adivina con lo que te encuentras. Además, no te puedes ni imaginar lo condicionada que está tu mente por todos los conceptos que hemos asumido como verdad desde bien pequeñitos. Si le añadimos que hay una identidad, un ego dentro de ella, al que le encanta asociarse a ideas fijas, tenemos un cóctel peligroso que nos puede arruinar la vida. Conocer esto es el primer paso para comenzar a vivir conscientemente.

Existen tres tipos de realidades:

La realidad pura:

Teorías que tienen un fundamento científico comprobado y que se pueden demostrar. Por ejemplo, la gravedad o el calor generado por el fuego.

La ficción unipersonal:

Elemento inventado por una persona. Imagina que de pequeño tenías un amigo invisible llamado Tom. Es un sencillo ejemplo de ficción unipersonal, ya que únicamente tú podías ver a Tom.

La ficción colectiva:

Aquí viene lo bueno. Elementos inventados por el ser humano que se perciben como realidades en la sociedad.

¿Empezamos?

Dinero, estados, leyes, derechos, conceptos, religiones, política, civilizaciones, economía...

Como ves, la organización de la humanidad está basada en ficciones colectivas. La organización de grupos grandes de personas es una tarea muy compleja y la capacidad de crear ideas ficticias ha permitido crear la sociedad que conocemos actualmente. Sin embargo, es un problema cuando dejan de ser ficciones al servicio del ser humano y comienzan a ser herramientas para controlar a la población. Al invertirse la balanza, la humanidad o una gran parte de la misma, pasa a estar al servicio de ficciones que nuestra propia especie ha creado. Las necesidades inventadas de dinero, casa, coche, pertenencias, viajes o tener pareja, además de posicionamientos más personales en política, deportes, economía, moda o tecnología son algunos ejemplos.

El sistema educativo también tiene su papel, ya que se encarga firmemente de anclar estos conceptos en la mente de las nuevas generaciones sin dar oportunidad a cuestionar nada ni a promover, aunque sea levemente, el desarrollo de la conciencia. No olvidemos que el ser humano forma parte del reino animal, y la realidad es que sólo tenemos tres necesidades:

- Alimentarnos
- Dormir, descansar
- Placer (sexo, relaciones personales, reír, humor, jugar, aprender, etc.)

Quizá sea muy básico, pero es lo único que demanda la fisiología humana para sobrevivir. A día de hoy, existe una epidemia de enfermedades metabólicas y mentales en los países desarrollados, a consecuencia de los hábitos sedentarios y una alimentación ineficiente. Son perturbaciones que el mismo ser humano ha creado al alejarse de su propia naturaleza. Una activación excesiva de la mente suele complicar las cosas sencillas, y la sociedad en la que vivimos es un perfecto ejemplo de ello. Las abundantes necesidades ficticias, acompañadas de listas de tareas interminables generan un estrés que daña el cuerpo, de forma tan sutil que apenas nos damos cuenta.

La expansión y el aprendizaje en armonía con la naturaleza favorecen la evolución de la humanidad. Al contrario, el control y excesivas necesidades quiebran las leyes naturales, inhibiendo la fluidez espontánea de la sociedad

El control y la manipulación se ha utilizado frecuentemente en las civilizaciones conocidas como medio para dirigir a las masas sociales. Algunos ejemplos de los actos de los gobernantes son los siguientes:

- Organización social
- Creación de grupos políticos y leyes
- Creación de derechos humanos

- Creación de religiones
- Desarrollo de la cultura, el arte y la música
- Creación del sistema económico
- Creación del sistema educativo

Para los líderes sus actos tenían una justificación clara:

- Facilitar la supervivencia de la población
- Defenderse de posibles invasores
- Cubrir las necesidades mínimas de la mayoría
- Diferenciar las clases sociales para organizar a las personas en diferentes rangos y labores
- Crear un entorno de convivencia eficiente

Aceptable, pero mejorable. Son sociedades que no tenían acceso a los recursos y tecnología que disponemos hoy en día. Creo firmemente que, con los medios disponibles a nuestro alcance, podemos aspirar a crear una sociedad con fines más elevados. Aumentar el nivel de conciencia de la humanidad, reducir el control y fluir hacia una sociedad menos rígida, más flexible, relajada. Ya no nos podemos conformar con allanar la supervivencia, debemos aspirar a más. El colectivo humano tiene la responsabilidad de equilibrar su bienestar con el del propio planeta dentro de una armonía sostenible, potenciando la evolución de cada individuo.

Es momento de volver a posicionar a las ficciones colectivas al servicio de la humanidad. Para ello, es preciso dar luz a la cruda realidad y ser conscientes de que lo que no forma parte de la naturaleza y no funciona se puede perfeccionar. La confianza en que cada individuo puede hacerse cargo de sí mismo es un inicio, pero sinceramente creo que aún no estamos preparados. Es tarea de cada uno de nosotros, fomentar un sistema social y educativo que favorezca el autodesarrollo personal, para que en cada generación vaya desapareciendo progresivamente la dependencia de ficciones colectivas que funcionan a través del control y la manipulación de las masas.

Nuestro cometido individual no es únicamente sobrevivir. Cada persona genera una influencia en su entorno que es exponencial. Asume la responsabilidad de crear una sociedad deseable

No tengas ninguna duda de que tú puedes ser motor del cambio. Todos tenemos la capacidad de influir en nuestro entorno y en nosotros mismos. Te pido que no te quejes de tus circunstancias actuales y busques soluciones. Quizás esta pregunta te pueda ayudar:

¿Qué puedo hacer para mejorar mi realidad?

3. La dualidad

La dualidad no se puede considerar como algo bueno o malo. La creación no puede existir sin dualidad y uno no puede trascender esto sin darse cuenta primero de la naturaleza

Sadhguru

Para entender el concepto de dualidad es necesario profundizar en el significado de las ideas, comprender que cada uno de los extremos es necesario para la existencia del otro y que hay infinidad de posibilidades entre ambos, ya que no dejan de ser percepciones subjetivas.

Observa las siguientes dualidades:

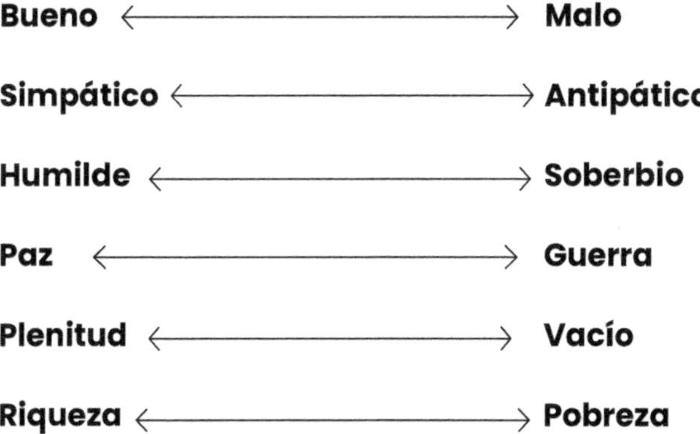

Vamos a utilizar el concepto bueno-malo como ejemplo, que describe la consecuencia o característica de una cosa o acción. Si para mí es bueno que llueva, me alegraré cuando se presente un día lluvioso. Sin embargo, otra persona puede odiar la lluvia y responderá ante ella de forma negativa, con malestar o enfado.

Con este ejemplo, se pueden deducir varias consecuencias:

- Los conceptos necesitan su opuesto para tener un significado. Lo bueno carece de representación si no existe lo malo.

- Entre un opuesto y otro, hay infinidad de percepciones subjetivas, ya que cada persona crea la suya propia.

- Entender que ambos opuestos son necesarios ayuda a aceptarlos. Una acción buena para ti generará también una respuesta negativa en otra persona, ya que no se pueden controlar las percepciones de los demás.

- Ser consciente de los opuestos facilita una posición neutral, más centrada, que respeta la naturaleza de cada extremo.

El sesgo de confirmación

El concepto de sesgo cognitivo fue introducido por los psicólogos israelíes Kahneman y Tversky en 1972. Los sesgos cognitivos son distorsiones, juicios inexactos, interpretaciones de una información condicionadas por el propio pensador. A nivel evolutivo, es una gran ventaja para responder a una información de forma rápida consumiendo menos energía. Sin embargo, en muchas ocasiones la información se interpreta de forma errónea, produciendo conclusiones irracionales.

Actualmente, la dualidad tiene una importancia vital por la tendencia social hacia el sesgo de confirmación, que consiste en la inclinación de la mente a confirmar sus propias ideas o creencias buscando información que las respalde y desechando la contraria. Por ejemplo, una persona que tenga una inclinación política hacia la derecha, buscará información que apoye esa ideología y/o critique a la izquierda. El *big data* y los buscadores web se encargan de realizar esta tarea a la perfección, ya que la información que aparece mientras se navega en internet está relacionada con los contenidos sobre los que se hace clic.

Al mismo tiempo, los medios informativos suelen tener un posicionamiento claro hacia una ideología en concreto. Por lo tanto, sin necesidad de que tú lo elijas, es muy probable que toda la información que recibas confirme tus ideas de forma automática. En consecuencia, tu posicionamiento se vuelve cada vez más extremo por las confirmaciones constantes que recibe tu mente sobre tus propias creencias. El sesgo de confirmación favorece la polarización y el rechazo hacia los opuestos no preferidos, generando conflictos y enfrentamientos sociales. Un consejo para evitar este sesgo es buscar directamente la información que contradice tu creencia. Por ejemplo, si piensas que tomar café es bueno para la salud, busca referencias o estudios que apoyen lo contrario. Así, conociendo ambos extremos, podrás tomar una decisión reduciendo el condicionamiento del sesgo de confirmación.

Los opuestos son fundamentales para la evolución y la transformación, generan energía y movimiento. Si toda la humanidad permaneciera en el centro, nadie pensaría diferente y el cambio sería inexistente. La ausencia de experimentación con nuevas ideas estancaría a la sociedad en formas de vida excesivamente fijas. La aceptación del abanico completo de manifestaciones sobre una idea otorga paz y eleva el nivel de conciencia sobre la humanidad.

Los periodos de oscuridad promueven transformaciones de luz, a la vez que excesivas comodidades guían hacia el hedonismo o la pérdida de imaginación. En ocasiones, tener las necesidades básicas cubiertas y ausencia de problemas facilita dejarse llevar por el placer y el conformismo.

Elegir tu posicionamiento respecto a las ideas, siendo consciente de los extremos, es sinónimo de libertad, de empoderamiento, de tomar decisiones bajo un criterio exclusivo. El pensamiento propio es necesario para definir un estilo de vida personal.

Si buscas libertad, contempla todas las opciones. Lo contrario limita tu albedrío

Rompe los límites de tu comprensión e integra también lo que te desagrada. Además de aumentar tu nivel de conciencia podrás entender los posicionamientos de otras personas, desarrollando tu empatía y apertura hacia lo desconocido.

4. Preguntas incómodas

Las buenas preguntas avivan conciencias, suavizan el diálogo interior, lo refinan. Generan cambios de paradigma, ayudan a pensar y conducen al siguiente nivel

Raimon Samsó

Para encontrar respuestas es necesario hacerse preguntas, y de las buenas, de esas que incomodan y se dejan para más tarde porque incitan a cuestionarse demasiadas cosas.

Para el desarrollo de este capítulo me he apoyado en el libro de Raimon Samsó; - *"100 preguntas que cambiarán tu vida"*-, por su relación con la temática y el valor que aporta.

Las buenas preguntas conducen a cambios importantes:

- De la inconsciencia a la conciencia
- De la ausencia a la presencia
- De la desesperación a la inspiración
- De lo ordinario a lo extraordinario

Alcanzar un estado interno de conexión y coherencia con uno mismo es muy recomendable antes de responder. Interesa que la información que recibas sea auténtica, verdadera, para ti. Para ello, permanece en el ahora, aligerando tu diálogo interno en la mente. Hazte consciente de tu cuerpo físico y dirige el foco a tu respiración; encuentra la paz y la tranquilidad dentro de ti.

He dividido las preguntas en tres secciones:

- Desarrollo personal
- Relaciones y amistades
- Autorrealización profesional

En cada sección hay 20 preguntas. Respóndelas en calma, desde la autoconfianza, para empezar a dar luz a lo que realmente quieres para tu vida. Respeta el orden, ya que no están dispuestas al azar.

Cuando termines de responder cada pregunta, hazte una más: *¿Esta respuesta es mía o la he elegido para satisfacer las expectativas que otros tienen de mí?*

Si tienes alguna duda, vuelve a la pregunta y reflexiona hasta averiguar lo que realmente es para ti, no permitas que la respuesta no sea tuya.

Preguntas de desarrollo personal

1. ¿Cuáles eran mis sueños y ambiciones durante mi infancia?
2. ¿Qué vida pienso que merezco?
3. ¿Vibra mi corazón con mi estilo de vida?
4. ¿Cómo definiría mi vida ideal en 3 palabras?
5. ¿Qué me gustaría aprender sin esperar nada a cambio?
6. ¿Qué le daría sentido a mi vida?
7. ¿Qué haría para disfrutar cada día?
8. ¿Qué echo de menos en mis días?
9. ¿Qué me genera insatisfacción cada día?
10. ¿Cómo podría aumentar mi nivel de energía y salud?
11. ¿Soy coherente con lo que pienso, digo y hago?
12. ¿Qué necesito para sentir paz y tranquilidad?
13. ¿A qué dedicaría mi tiempo si tuviera libertad financiera?
14. ¿Estoy dispuesto a pagar el precio de mis metas? ¿Cuál sería?
15. ¿Soy consciente de cuando utilizo excusas o procrastino?
16. ¿Qué creencias limitantes me impiden avanzar?
17. ¿Qué heridas emocionales me influyen de forma negativa?
18. ¿Cuáles son mis fortalezas?
19. ¿Cuáles son mis debilidades?
20. ¿Qué barreras creadas impiden manifestar la vida que quiero?

Preguntas de relaciones y amistades

1. ¿Quiénes son las personas que más amo?
2. ¿Qué podría hacer para ayudar a mi familia?
3. ¿Qué es lo que necesita mi familia de mí?
4. ¿De qué forma puedo expresar amor por quien siento amor?
5. ¿Actúo por mí mismo o por la opinión de los demás?
6. ¿Es mi ego protagonista en mis relaciones?
7. ¿Qué comportamientos tengo y pienso con los que realmente no me identifico?
8. ¿En qué suelo tropezar siempre en mis relaciones personales?
9. ¿Considero que me hablo de forma positiva y empoderadora?
10. ¿Qué me aconsejaría a mí mismo como amigo?
11. ¿Cuántas veces sonrío a lo largo del día?
12. ¿Qué me haría reír más y aumentar mi sentido del humor?
13. ¿Qué energía me transmiten mis relaciones personales?
14. ¿Cuáles son las cinco personas que más admiro? ¿Qué características tienen esas personas?
15. ¿Qué tipo de relaciones me gustaría atraer a mi vida?
16. ¿Cómo podría expandirme hacia las relaciones personales que quiero atraer?
17. ¿Qué relaciones me gustaría reparar?
18. ¿Me siento identificado con mis relaciones personales?
19. ¿Qué relaciones debería dejar atrás por falta de sintonía?
20. ¿Cómo puedo cuidar y mejorar las relaciones personales que son importantes para mí?

Preguntas de autorrealización profesional

1. ¿Cuál es mi mayor talento?
2. ¿Cuál es la mayor contribución que puedo aportar a la sociedad?
3. ¿Afronto la incertidumbre con miedo o ilusión por lo que puede llegar?
4. ¿Busco lo excelente o lo bueno?
5. ¿Qué oportunidades estoy dejando escapar por alejar mi foco de ellas?
6. ¿Qué haría si no tuviera miedo a fracasar?
7. ¿Qué haría si mi éxito estuviera garantizado?
8. ¿Elijo en libertad o coaccionado por miedos?
9. Mi elección, ¿conserva dudas o las elimina?
10. ¿Cuáles son los retos que me motivan?
11. ¿Qué habilidades necesito para ser un buen profesional en mi campo?
12. ¿Cómo puedo aumentar el valor de lo que hago cada día?
13. ¿Cómo puedo afrontar mis retos con mejor actitud?
14. La dificultad de mis retos, ¿es real? O, por el contrario, ¿aumenta debido a mi percepción, mis creencias?
15. ¿Cómo solucionarían mis referentes los problemas que tengo en mis circunstancias?
16. ¿Quién tiene las respuestas que necesito y cómo puedo comunicarme con esa persona?
17. ¿Cuál es la cifra de ingresos que considero que merezco?
18. ¿Qué conexión emocional tengo con mis ambiciones materiales?
19. ¿Cuál es el legado que quiero dejar a la sociedad?
20. ¿Cómo quiero vivir después de jubilarme?

Sé que la gran mayoría de personas que leen libros no realizan las tareas de introspección personal, porque da "pereza" o porque quizás no sea el mejor momento. Pero el conocimiento que no se aplica no sirve de nada. Regálate un par de horas de tu tiempo para responder a estar preguntas. Todo lo que obtengas de ellas es para ti. Te ayudará a ser consciente de las áreas de tu vida a las que le prestas más atención y cuáles se hallan más descuidadas. A su vez, te guiarán para ir definiendo lo que es importante para ti y lo que debe de brillar en tu vida.

5. Define tus *para qué*

Estás en casa, tumbado en el sofá, relajado. Sientes cierta insatisfacción por una circunstancia que no te gusta en tu vida. No te sientes identificado con ella, no te aporta, es una carga que no quieres asumir más tiempo. Ha llegado el momento de comprometerte contigo mismo, dar un paso hacia delante; de creer en ti mismo y en tu capacidad para evolucionar. Quieres hacerlo, pero tienes miedo por todas las anteriores ocasiones que lo has intentado y que no ha funcionado, que has fallado, y no quieres volver a sentir la culpa ni el autocastigo de las expectativas no cumplidas.

¿Cuántas veces te has propuesto iniciar un nuevo hábito y no lo has cumplido?

¿Cuántas veces has sentido que el mismo problema te sucede repetidamente?

¿Cuántas veces has detectado cosas que te gustaría cambiar o mejorar y las has dejado pasar?

Quiero decirte dos cosas.

La primera, no te preocupes. Lo normal es que el inconsciente maneje las acciones. Se puede cambiar, pero requiere un esfuerzo que muchas veces no se está dispuesto a asumir. La segunda, escribe en un cuaderno las situaciones que han pasado por tu cabeza al leer estas preguntas. Sabes qué quieres y puedes conseguir esos cambios. Recuerda que, si puedes imaginar algo en lo que crees, lo puedes manifestar en la realidad. Pero la voluntad no siempre es suficiente, por lo que te propongo un planteamiento más potente.

1º Escribe tu *para qué*

Escribe en una hoja o un pósit lo que quieres conseguir (por ejemplo: estudiar inglés una hora al día). Ahora, define para qué lo quieres, desde lo profundo. Busca el motivo emocional por el que sientes un gran deseo de alcanzarlo. Coloca el papel en un lugar bien visible en tu casa o espacio de trabajo.

Ejemplos:

- Sentirme capaz de aprender un idioma. Capacidad de lograr objetivos personales.
- Demostrarme a mí mismo que puedo conseguir lo que me proponga. Autocontrol y autodisciplina.
- Ganar en autoestima y capacidades, sentirme competente
- Dedicar tiempo a mi aprendizaje, a crecer individualmente. Placer por autorrealización.

Es más fácil reaccionar ante una necesidad que encontrar el estímulo que te haga dar el 100%. Sin embargo, lo fácil suele conducir a un camino difícil, mientras que lo complejo, bien planteado, puede llegar a ser mucho más sencillo.

Hay una gran diferencia entre estudiar inglés por necesidad para una oposición (objetivo externo), que hacerlo desde un impulso emocional (objetivo interno) que te conecte con tu objetivo al máximo. Deja que las emociones te empujen a lograr tus metas.

Desarrolla el impulso creador desde tu interior y hazte imparable

2º Visualiza el final. Ya lo has conseguido

Visualízate a ti mismo con la meta ya cumplida. Has seguido tu planificación, confiado en el proceso, has tenido altibajos, pero no te han impedido seguir avanzando; has mantenido la constancia dentro de la fluctuación de tus emociones. Algunos días has rendido de forma maravillosa y otros, a pesar de dar lo mejor de ti, no eras capaz de ofrecer un buen rendimiento. Finalmente lo has conseguido y, lo mejor de todo, es que te has demostrado que eres capaz de conseguir lo que te propones. Has iniciado un camino que ya no tiene vuelta atrás, un camino de constante evolución en el que los retos ya no son muros sin fin. Ahora cada reto es una montaña a escalar, pero ya tienes el equipo de alpinismo dentro de ti.

3º Divide la meta en objetivos pequeños

Sencillo, pero muy eficaz. No te atormentes mirando hacia arriba, visualizando todo lo que te queda por escalar. Es más recomendable dividir la cima en objetivos pequeños y cumplir con la planificación. Se avanza más con un pequeño paso cada día que con un *sprint* al mes.

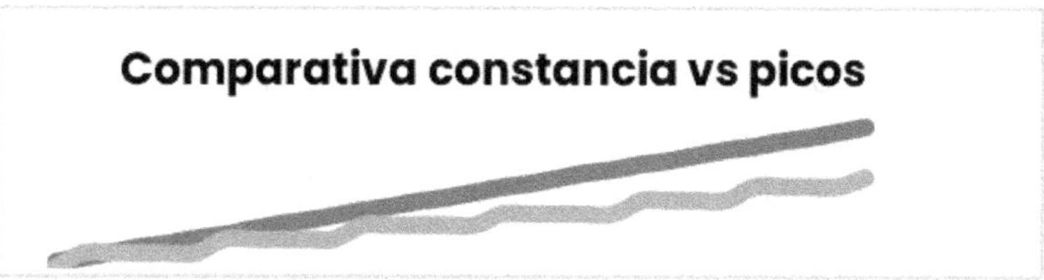

4º Establece una fecha límite

La ley de Parkinson explica que las tareas se expanden hasta llenar el tiempo disponible para finalizarlas.

¿Recuerdas cuando te encargaban un trabajo en el colegio con un mes de antelación y lo hacías el día antes de la entrega? O cuando, a pesar de conocer la fecha de un examen durante meses, no empezabas a prepararlo hasta que te veías con el agua al cuello.

Bueno, son claros ejemplos de la ley de Parkinson. Como ya la conocemos, vamos a usarla a nuestro favor. Si necesito 20 horas para un cometido, y dispongo de 1 hora diaria para hacerlo... ¿fecha límite? Dentro de 20 días.

Obviamente son cálculos aproximados, pero te van a permitir mejorar tu proceso y planificación para que no te pille el toro la última semana y abandones.

5º Disfruta el proceso. Programa recompensas

En mi opinión, la forma más clara de percibir la importancia del proceso es compararlo con una actividad que requiera una práctica constante. El arte, el deporte, la música, los idiomas, el estudio...si quieres destacar en alguna de esas especialidades hay algo que no es negociable: horas y horas de práctica, experiencia y dedicación.

La calidad del aprendizaje mejora de forma exponencial cuando se disfruta del proceso, además de fomentar la repetición. Seguro que no tienes problema en disfrutar cuando te encanta lo que haces, pero no siempre es así. A veces, hay que hacer cosas que nos gustan menos para avanzar, pero es igual de importante cumplir con ellas.

¿Qué hago para disfrutar del proceso en lo que no me gusta? Darle un chute de dopamina al cuerpo

Después de dedicar el tiempo programado o de que consigas un objetivo, celebra. La forma es libre, pero que tu cuerpo se entere de que estás eufórico. Así, el cerebro relaciona el placer con avanzar y se fomenta la repetición. A veces las cosas no son tan fáciles como nos gustaría, pero utilizando las herramientas que tenemos y la fisiología de nuestro cuerpo, podemos invertir la balanza a nuestro favor.

6º Perseverancia, compromiso, autoestima

El *para qué* tiene una única función: darle forma a tu autoestima. Una forma construida en una o varias frases, que definen lo que para ti es importante.

¿Vas a amarte lo suficiente para cumplir con lo que te propones?

Recuerda que lo que haces es para ti, para experimentar tu crecimiento, para expandir lo que eres y alcanzar una versión mejorada. Tu autoestima debes respetarla y cuidarla cada día con compromiso, perseverancia y disciplina. Con la confianza y la seguridad de que lo vas a conseguir, sin importar los factores externos que puedan aparecer.

Tú eres más fuerte que tus circunstancias

Da lo mejor que tienes sin apegarte al resultado. No tiene lógica sentirse mal cuando sabes que lo has dado todo, así que elimina ya la duda de si vas a dar el 100%.

En muchas ocasiones no se cumplen los propósitos porque no se llegan a plantear de verdad, no se cree en ellos. Es una voluntad vacía, llena de intención, pero con muy poca acción. En definitiva, lo que se crea es una fábrica de frustraciones. Si de verdad quieres conseguirlo, dedícale tiempo a la preparación. Puedes delegar, ayudarte de profesionales, si lo consideras necesario, pero el que realmente lo va a conseguir y sobre el que recae la máxima responsabilidad, siempre vas a ser tú.

Sistema para cumplir tus metas

1. Escribe tu *para qué*
2. Visualiza el final. Ya lo has conseguido
3. Divide la meta en objetivos pequeños
4. Ley de Parkinson. Establece una fecha límite
5. Disfruta del proceso. Programa recompensas
6. Perseverancia, compromiso, autoestima

6. La dinámica 5+2

Las semanas, como bien sabéis, están divididas generalmente en 5 días laborables y un fin de semana de 2 días. Espero que no sea tu caso, pero... ¿a cuántas personas conoces que el lunes van con un humor de perros al trabajo y el viernes parece que se van a comer el mundo? ¿Por qué no se comen el mundo todos los días? ¿Realmente es una rueda positiva para la productividad y estabilidad emocional?

Vamos con un poco de historia. ¿Os acordáis de las ficciones colectivas? Obviamente, ni la jornada laboral de 8 horas ni el fin de semana tienen un origen natural. Son creaciones del ser humano para buscar un equilibrio entre ocio y trabajo, entre otros objetivos que veremos más adelante.

Origen de la jornada laboral de 8 horas diarias

Alrededor del año 1760 se produce un cambio fundamental en la sociedad cuando la economía deja de depender de la agricultura y la artesanía para dar paso a la industria. La revolución industrial se originó en Gran Bretaña y fue la protagonista de múltiples transformaciones que ayudaron a desarrollar la industria y la minería, además de mejorar la productividad, el crecimiento de las ciudades y la mejora del comercio nacional e internacional. Su expansión avanzó hasta los principales países de Europa, Japón, Rusia y Estados Unidos y, a finales del siglo XIX, ya era una realidad en las principales potencias mundiales. Durante sus inicios las jornadas laborales eran tremendas, de unas 14 horas diarias los 7 días de la semana; una barbaridad impensable hoy en día. El trabajo infantil y la ausencia de derechos era la normalidad, por lo que conviene recordar todo lo que se ha conseguido y avanzado en las condiciones laborales.

El creciente contraste entre las clases sociales altas y bajas, además de las duras condiciones laborales, impulsó movimientos de protesta y reivindicación de derechos, dando origen a los sindicatos. No tardaron en ver la luz los éxitos de tales movimientos, ya que a mediados del siglo XIX se inició lo que podríamos llamar un fin de semana corto, con el sábado por la tarde y el domingo libre de actividad laboral. Este suceso estimuló el nacimiento del ocio, que goza de una gran importancia en nuestros días. Normalmente, el tiempo libre se pasaba en los bares o en casa cuidando de la familia, pero gracias al aumento del tiempo de descanso la oferta de ocio comenzó a crecer de forma expansiva. El cambio de un sábado por la tarde laboral a sábados por la tarde de fútbol, teatro, algún espectáculo musical o salir de compras es bastante significativo.

Curiosamente, los empresarios hallaron muy pronto el beneficio de esta situación para aumentar sus ingresos. Henry Ford, conocido por ser el fundador de la compañía Ford Motor Company, fue uno de los pioneros, ofreciendo a sus empleados dos días a la semana libres a principios del 1900. Al darse cuenta de que sus trabajadores eran parte de sus mejores clientes entendió que, si quería vender más automóviles, necesitaba que sus clientes disfrutaran de ellos y condujeran el máximo tiempo posible para mostrarlo a la sociedad. Además, la productividad y la felicidad de su plantilla se vería beneficiada, ya que pocos empleados gozaban de tales privilegios en esa época. Fue un *win-win* total para empresarios y empleados, pues unos aumentaban sus beneficios mientras otros disfrutaban mucho más de su tiempo y sus vidas. Pero, por desgracia, no todo fueron buenas noticias, ya que en consecuencia se disparó el consumismo a niveles exagerados, tal y como podemos apreciar en nuestra sociedad actual.

En 1810 Robert Owen, gran impulsor del movimiento obrero británico, difundió la idea de que la calidad del trabajo de un obrero tiene una relación directa con su calidad de vida. Fomentó mejoras en salarios, vivienda, higiene y educación, además de prohibir el trabajo infantil y determinar una jornada de 10 horas y media de trabajo como máximo. En 1817 formuló el objetivo de una jornada laboral de 8 horas, acuñando el lema "8 horas de trabajo, 8 horas de ocio, 8 horas de descanso", conocido como 888. Esta dinámica está vigente en gran parte de nuestro sistema laboral, ya que una jornada laboral completa se considera de 40 horas semanales.

La importancia de conocer el origen de nuestras costumbres es fundamental para analizar su propia función. En el siglo XIX, el fomento de una jornada laboral de 8 horas diarias tenía todo el sentido del mundo, porque normalmente eran de 10 o más con empleos 100% presenciales.

¿Tiene sentido una jornada laboral de 8 horas diarias en el año 2021?

En mi opinión, las condiciones laborales deben adaptarse en parte a las demandas del sector y del empleo, pero no es lógico estandarizar esas condiciones. Las posibilidades son infinitamente mayores que hace 200 años. Gracias a la evolución tecnológica y a la sistematización, actualmente se puede trabajar desde diferentes partes del mundo con una productividad inimaginable hace pocos años. Replantear el sistema laboral, con una población creciente y máquinas a costes bajos que automatizan empleos que antes ocupaban personas es sin duda uno de los grandes retos del siglo XXI.

¿Para qué queremos tiempo libre?

Existe una dicotomía muy curiosa entre el ocio y el trabajo. El tiempo libre se busca, se intenta crear, se aspira a tener el máximo posible. No obstante, normalmente la función de tener tiempo libre es ocuparlo, generalmente con ocio o actividades no laborables.

A mi parecer, no gusta tener tiempo libre, no hacer nada: está incluso mal visto. De hecho, algo típico en vacaciones es viajar a un país extranjero y rellenar todas las horas posibles antes de llegar, porque "hay que aprovechar el viaje". Seguro que conoces a personas que se estresan preparando sus vacaciones y que apenas dejan momentos libres entre actividades.

¿Las vacaciones no son también para descansar?

No es una crítica, pero creo que invita a la reflexión de si somos capaces de experimentar intensamente las experiencias. Tal y como sucede en los conciertos de música, cuando miles de personas graban el espectáculo con el móvil desviando la atención "en vivo" del mismo. Repito, no es una crítica, tan sólo me gustaría que cuestiones si realmente es lo más lógico para ti. Como seres humanos tendemos a repetir lo que hacen las masas, nunca olvides esto.

Cuando haces mucho, haces siempre lo mismo

No hacer nada y el silencio, en su medida, pueden ser sanadores. Disfrutar de algunos días o momentos de relajación es maravilloso, sirve para liberar la mente de las preocupaciones y rutina habitual, para dejar espacio a lo nuevo que está por llegar. Hacer está bien, pero saber dejar de hacer abre el abanico de opciones que la vida presenta ante ti. Permítete contemplar tus propias oportunidades.

Tiempo libre, ocio y oportunidades

El ocio ha evolucionado de forma vertiginosa durante los últimos 100 años, de tal forma que, aunque no tuviéramos dedicación laboral no dispondríamos del tiempo suficiente para cubrir todas las oportunidades que se nos ofrecen.

¿Te imaginas ver cada espectáculo artístico, deportivo o cultural del mundo? ¿Visitar todos los parques de atracciones? ¿Bañarte en todas las playas? ¿Saborear la gastronomía de cada país?

Considero impactante la gran cantidad de actividades que están a nuestra disposición actualmente. En cierta forma es estresante, pero es un privilegio del que nunca antes ha gozado la humanidad. Además, podemos crear, conectar y comunicar con herramientas muy potentes a costes muy asequibles. El periodo de aprendizaje necesario para aprovechar eficazmente todos estos recursos se está comenzando a realizar ahora y es preciso ser pacientes. La humanidad en sí misma determinará si es capaz de utilizar la tecnología para un desarrollo sostenible entre la civilización y la naturaleza. A su vez, cada individuo aportará su aprendizaje al colectivo con sus acciones y experiencias. Por lo tanto, hazte consciente de tus propias oportunidades y disfruta las que quieres experimentar de verdad, sin reparo por lo que dejas de hacer. Tu tiempo libre te pertenece, al igual que aprovecharlo depende exclusivamente de ti.

7. Preparativos: ¿Desde dónde partes?

Antes de un viaje nunca viene mal repasar el equipaje, tus pertenencias, lo que vas a necesitar allí y qué esperas obtener de la experiencia. Este viaje es eterno, así que te recomiendo prepararte bien y que lleves contigo sólo lo que realmente necesitas. Por cierto: deja los apegos en el cajón, ese que nunca abres. No los vas a necesitar y pueden ser un gran obstáculo.

Vivir en armonía con tu estilo de vida permite los cambios y las adaptaciones; se basa en la naturaleza, en aceptar lo que sucede, en voluntad de evolución y expansión. La predisposición a las alteraciones que suceden constantemente es clave para conseguirlo y, en consecuencia, es un sendero sin fin. Buscar la transformación desde un punto A hacia un punto B es un error que puede martirizarte innecesariamente. La evolución no consiste en ser algo mejor de lo que eres, sino en mejorar cada día integrando tus aprendizajes a lo largo de la vida. La intención es conocer la A, la B, la C, hasta llegar a ser una persona que integre todos los conocimientos adquiridos.

Patrón de rechazo hacia tu identidad anhelando otra mejor

A › B

Patrón de integración de aprendizajes

A + B + C + D › ABCD

Ofrecer resistencia a lo que eres o a lo que has vivido no será de ayuda; por el contrario, atraerá obstáculos infinitos hasta que aprendas la lección. Puedes ahorrarte muchos problemas simplemente aceptando lo que eres, un ser humano con problemas y conflictos internos al que le gustaría sentirse feliz y vivir cada día mejor.

¿Te sientes identificado?

Realmente no somos tan diferentes, todos buscamos lo mismo de distintas formas.

¿Cómo puedes facilitar una vida en armonía y experimentar los aprendizajes que más te interesan?

Definiendo tu estilo de vida. Saber cómo quieres vivir y a dónde quieres llegar clarifica el camino. Ya conoces las ficciones preestablecidas que han influido enormemente en tu evolución. Ahora puedes cuestionarlas y crear un pensamiento propio, además de resignificar lo que no te ayuda a avanzar. A su vez, darte cuenta de las experiencias que quieres vivir es perfecto para comenzar a exponerte a ellas. Si no te lo permite tu situación actual comienza con algo parecido, lo que sea, no hace falta empezar por el final. Lo importante es experimentar y sentirse merecedor de recibir el aprendizaje.

La única forma de conocer nuevas formas de disfrutar es exponerte a la experiencia sin prejuicios

Vive un estilo de vida que permita brillar a tu autenticidad, en el que te dejes ser sin esconderte, rechazarte ni esquivarte.

¿Qué necesitas?

Los ingredientes de las grandes aventuras

Si sales sin apegos, con ganas de aventura y la mochila cargada de todos los ingredientes, llegarás al destino que elijas.

Comienza tu viaje

Durante esta introducción, he querido transmitirte principalmente dos cosas:

- Cuestiona los patrones preconcebidos para detectar lo que realmente vibra contigo, lo que quieres que forme parte de tu vida. Todo lo que nos rodea, nuestro mundo tal y como lo conocemos, no es natural. Está formado por una serie de ficciones colectivas que condicionan nuestras creencias y decisiones.

- Define tus anhelos con preguntas. Los caminos conocidos y realistas son más asumibles, así que determina lo que quieres y cómo vas a llegar allí. Posteriormente, concreta para qué lo quieres, comprometiéndote contigo mismo. Recuerda que es para ti y que sólo tú lo puedes conseguir.

Si estas dos ideas aún no están nítidas en tu mente, por favor, dedícales el tiempo que necesites antes de continuar.

Cuando estés preparado, entraremos en el octaedro. Está formado por dos pirámides de cuatro caras. La inferior trata sobre tu *yo*, tu identidad individual (pirámide de la oscuridad), mientras que la superior describe toda la información que recibimos desde fuera (pirámide de la luz). En cada cara se profundiza sobre un aspecto en concreto, a la vez que cada aspecto tiene tres vértices, los tres pilares que considero más importantes para desarrollar el concepto y facilitar su comprensión.

Pirámide de la oscuridad

Pirámide de la luz

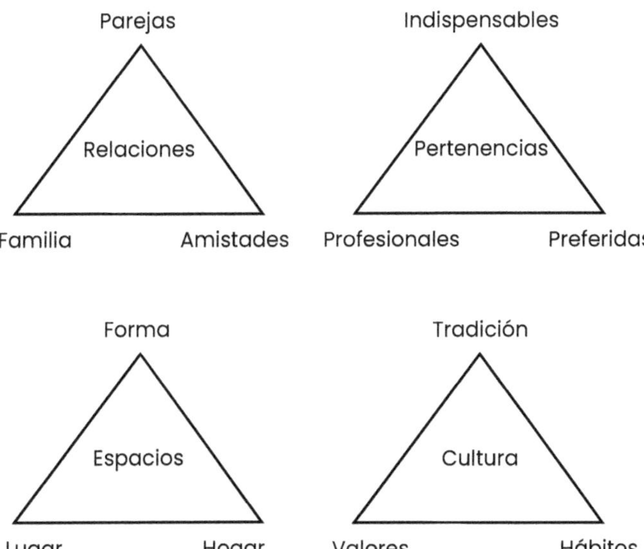

Las ocho trinidades componen el mapa que deberás seguir para definir y pulir los diferentes aspectos de tu estilo de vida.

Comenzamos nuestro viaje.

LOS SUEÑOS DE IRIA I

Hace mucho tiempo, en un lugar lejano y bajo la luz de la luna llena, nació una niña llamada Iria. Sus padres la criaron con amor y dulzura mientras ella crecía feliz, sonriente y agradecida por cada día que disfrutaba de su familia. Además, afortunadamente convivía acompañada de otros niños de su edad con los que jugaba a diario, por lo que en todo momento estaba acompañada.

Los años fueron pasando sin grandes estridencias, hasta que algo inesperado sucedió el día que cumplió 9 años. Justo antes de levantarse, tuvo un sueño muy extraño. Iria estaba en una estancia en penumbra, bajo la única luz de dos débiles llamas azules que chisporroteaban al final de la sala sobre dos candiles. No había ninguna puerta ni ventana y las paredes estaban formadas por piedras grises de formas aleatorias. Un aire extrañamente denso y familiar rodeaba el ambiente y en cada respiración Iria sentía esa misma pesadez dentro de sus pulmones. En el centro, había una gran mesa de piedra con dos sillas, cada una enfrente de la otra. Una de ellas estaba ocupada por una figura encapuchada, escondida bajo un manto negro, que incitaba a Iria a acercarse con un elegante movimiento de sus huesudos dedos. A pesar de la aterradora situación, Iria sentía seguridad y plena confianza en que no iba a sufrir ningún daño. Avanzó templada hacia la otra silla y se sentó, mirando fijamente el rostro del ser encapuchado, que sólo reflejaba una profunda sombra.

—Bienvenida, Iria—dijo amablemente con una voz llana—. Estaba deseando conocerte. Soy el *mensajero encapuchado,* pero puedes llamarme Aarón. Mi tarea en este momento es revelarte las diferentes opciones que la vida puede ofrecerte. Para ello, cada día elegirás una carta de esta baraja—dijo mostrándole un mazo de cartas con su mano derecha—. Para comprender lo que cada carta tiene para ti, te recomiendo observar atentamente todo lo que sucede a tu alrededor durante ese día.

Iria escuchaba con atención, mientras miraba el mazo de cartas que sostenía Aarón firmemente en su mano. No entendió muy bien lo que quería decir, ¿lo que la carta tiene para mí? ¿qué puede darme a mí una carta?

—Hola Aarón—saludó Iria, inquieta—. No sé quién eres ni para que sirven esas cartas. Además, este lugar es frío y triste. Quiero volver a mi casa, con mis padres y mis amigos—dijo con franqueza.

—No te preocupes, Iria—respondió con voz calmada—. Lo único que tienes que hacer aquí es coger una carta, nada más. Luego volverás a tu casa y te despertarás. Nos veremos cada día del resto de tu vida, justo antes de que te despiertes. Aquí es imposible que te suceda nada malo—explicó Aarón.

Iria permaneció en silencio durante unos segundos, intentando comprender lo que estaba escuchando para poder responder. Cuando iba a decir algo, Aarón realizó un veloz movimiento con su mano derecha y ante ella apareció un abanico de cartas perfectamente separadas.

—Eres una niña con todo por aprender, aún hay muchas cosas que no eres capaz de entender. Sigue viviendo como hasta ahora, simplemente intenta relacionar la carta con los acontecimientos de cada uno de tus días, —le explicó el mensajero—, que añadió: —Elige una.

—Vale...—respondió Iria, vacilante—. No entiendo muy bien nada de esto, pero sé que no me vas a hacer daño. Seguiré tus consejos.

Iria escogió una carta con la mano izquierda. La examinó detenidamente y, en el momento de dejarla en la mesa, toda la imagen de la estancia de distorsionó hasta que ese despertó en su habitación, como si nada hubiera pasado.

SEGUNDA PARTE

La pirámide de la oscuridad: autoconocimiento

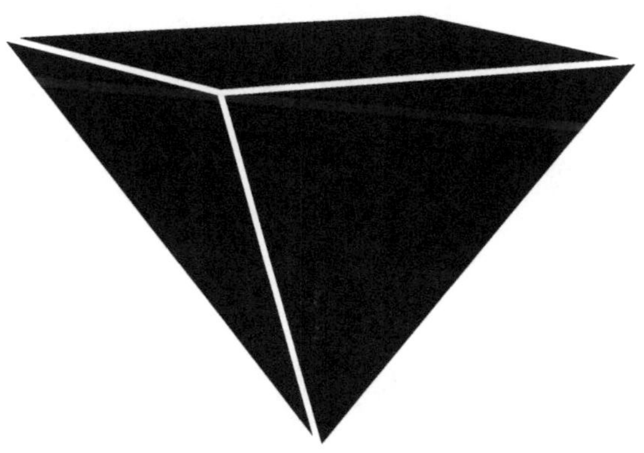

Toda la verdadera grandeza debe llegar desde el crecimiento interno

Ralph Waldo Emerson

Vas a sumergirte en tu cuerpo, tu ser, en la profundidad de tu conciencia, en la densa oscuridad. El sendero se vuelve incómodo, fangoso. Aprenderás a mirar de frente a tu parte más oscura, la que casi nunca muestras al exterior, para conocerla, aceptarla y sacarla fuera de forma fluida, sin explosiones. Estás buscando tu esencia para expresar la versión más auténtica, singular, personal, la que verdaderamente eres. El fin es encontrar tu luz más intensa, la que te hace brillar de forma esplendorosa.

Te recomiendo que inicies este camino sin hablarlo en exceso, ya que las influencias externas pueden distorsionar la comunicación contigo mismo. Sé fiel a lo que dice tu corazón, déjate llevar por su influencia a la vez que te apoyas en tus relaciones personales más fuertes, que te sirven de espejo ofreciéndote una información más realista de lo que transmites al exterior.

La pirámide de la oscuridad tiene 4 caras. Comenzarás en tu parte física, el cuerpo, y avanzarás hacia lo sutil de forma progresiva, abarcando la mente, las emociones y tu ser espiritual. Una vez que viajes por cada una de estas caras serás capaz de precisar lo que es bueno para ti, tus mayores talentos individuales, facilitando la ruta a tu luz interior.

1. Cuerpo

Tu cuerpo es templo de la naturaleza y del espíritu divino. Consérvalo sano; estúdialo, concédele sus derechos

Henri-Frédéric Amiel

El cuerpo nos permite percibir e interactuar con todo lo que nos rodea. Además, es nuestra imagen visible, la que comunicamos en primera instancia. Regalamos mucha información a las personas que nos ven simplemente con nuestro aspecto físico y la ropa que llevamos. Cuidando los prejuicios, es inevitable que nos fijemos en la apariencia externa cuando conocemos a alguien, nos influye intensamente en los inicios de la relación personal. Bien conocidas son las frases de "no hay una segunda oportunidad para causar una buena impresión", o "bastan siete segundos para formar una primera impresión". El cerebro tiene tendencia a buscar patrones y estandarizar. Es lógico, quiere ahorrar energía, y si tuviera que analizar las diferencias de cada persona con la que interactúa de forma precisa sería agotador para la mente.

La coherencia entre tu imagen personal y tu identidad es un motor para la autoestima y facilita que conectes con personas afines, que compartan tus intereses y aficiones. Asimismo, el cuerpo es la herramienta para transitar en el mundo. Conviene que nos permita hacerlo sin frenos, a nuestra máxima capacidad, estimulando una experiencia de vida gratificante. Mantenerlo sano, respetar su naturaleza y prevenir la enfermedad son elementos clave para conseguirlo. Por desgracia, la salud es una de esas cosas que suele valorarse cuando se pierde.

1.1. Trinidad del cuerpo

Nuestro cuerpo físico tiene tres necesidades fisiológicas para sobrevivir, como ya hemos descrito anteriormente. Lo recordamos rápidamente:

- Alimentarnos
- Dormir, descansar
- Placer (sexo, relaciones personales, reír, jugar, aprender, etc.)

Por lo tanto, si descansas lo suficiente, te alimentas adecuadamente y tienes relaciones sanas con otras personas y seres vivos, favoreces alcanzar una esperanza de vida media sin problemas. No obstante, el ser humano necesita más para sentir plenitud en su vida. Según la pirámide de Maslow, que ordena las necesidades del ser humano de forma jerárquica, podemos observar lo siguiente:

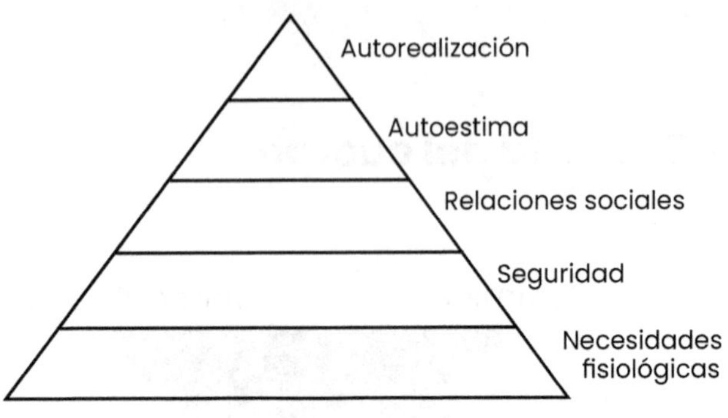

Pirámide de Maslow, 1943

Una vez que cubrimos nuestras necesidades fisiológicas, avanzaremos hacia la búsqueda de la seguridad. Y así, sucesivamente hasta alcanzar la gran ansiada autorrealización. Aquí, la capacidad de movimiento es lo que nos permite interaccionar con nuestro entorno para conseguir los recursos necesarios para la vida, a la vez que nos ayuda a avanzar en la dirección deseada.

1.2. Movimiento

Durante nuestra evolución como especie, el movimiento nos ha permitido cubrir las necesidades de alimento y provisiones. La actividad física formaba parte del día a día, más aún en las sociedades primigenias nómadas, que recorrían largas distancias de forma habitual. Sin embargo, en nuestra sociedad actual considero necesario dividir el movimiento en dos:

Actividad física

En los entornos urbanos se suele vivir totalmente desconectado de la naturaleza y de las necesidades físicas básicas para la salud, que detallaremos más adelante. En consecuencia, han nacido servicios y profesiones para ofrecer los mínimos necesarios de actividad física para el mantenimiento del cuerpo, desde gimnasios y centros deportivos, hasta profesionales como entrenadores y monitores de diferentes especialidades. Actualmente, el movimiento y esfuerzo físico son innecesarios para la supervivencia. En un clic se puede conseguir cualquier objeto sin importar la lejanía de su procedencia, gracias a internet. Para alimentarse, se puede acudir al mercado a 5 minutos de casa o hacer un pedido a domicilio para ni siquiera tener que salir. Las distancias se suelen recorrer en transporte privado o público, apenas se camina. Además, la oferta de ocio en el hogar es elevada y a costes asequibles, con internet, series, películas, videojuegos, etc.

No obstante, nuestro cuerpo está diseñado para moverse. El sedentarismo nos conduce a la enfermedad y a la incapacidad. Sin embargo, sin un impulso previo, el movimiento supone un esfuerzo que requiere de fuerza de voluntad para realizarse. Por lo tanto, ofrecer actividad física de calidad es una gran necesidad para mejorar la salud de las personas. En mi opinión, debería ofrecer los siguientes beneficios:

- Placer
- Salud músculo-esquelética
- Sensación de recompensa
- Felicidad
- Reducción del estrés

Más adelante, expondré mi propuesta para cuidar el estado físico del cuerpo teniendo en cuenta estos factores.

Propósito

El propósito es un movimiento diferente orientado a conseguir las ambiciones personales, crecer, evolucionar, obtener reconocimiento, autoestima, crear la vida deseada, cubrir necesidades emocionales, etc. Puede estar relacionado con la actividad laboral o no, pero independientemente de cómo lo consigas, sentir que avanzas, mejoras y que cada día estás un poquito más cerca de la vida que quieres vivir es fundamental para el autodesarrollo.

Los dos tipos de movimiento son igualmente relevantes para vivir en plenitud. La actividad física previene la enfermedad y permite mantener una condición física razonable, mientras que el propósito impulsa, estimula al cuerpo a conseguir cosas. Un estado físico espectacular sin propósito es como una cáscara vacía en su interior, a la vez que una persona con una gran meta necesita de un cuerpo que soporte la tarea.

Posteriormente se desarrollará el propósito en detalle, en este capítulo el foco va a ir dirigido hacia los mínimos necesarios para mantener al cuerpo humano saludable.

Consejos para mantener un cuerpo saludable

Mi objetivo en este capítulo es aportarte lo siguiente:

1. Conocer la actividad física diaria recomendada

2. Aprender los ejercicios básicos

3. Aumentar tu nivel de energía

4. Mejorar la coordinación mente-cuerpo

5. Conectar con la naturaleza de tu cuerpo

Es relativamente sencillo, piensa que tu cuerpo está diseñado para hacerlo. Sin embargo, es extremadamente complejo crear pautas de entrenamiento generalizadas, ya que cada persona tiene un contexto y un cuerpo diferente. Por lo tanto, te recomiendo que apliques sólo lo que piensas que te va a ayudar y, si tienes alguna duda, lo consultes con un especialista.

Actividad física diaria recomendada

El cuerpo debería ser capaz de dominar las siguientes habilidades:

- Capacidad de desplazarse, caminar
- Manipulación de elementos externos

- Autocontrol, dominio del propio cuerpo

Realizar acciones que impliquen estas destrezas la mayoría de los días, facilita mantener las capacidades físicas a lo largo de la vida.

Desplazamiento

Caminar alrededor de 10.000 pasos diarios suele ser suficiente y ya aporta muchos beneficios para la salud. Si tienes la opción, siempre es recomendable exponerse a un entorno natural cercano. Acerca del ritmo, es interesante que sea medio-alto y realizar pasos largos a la vez que cómodos, sin forzar el movimiento.

Entrenamiento de fuerza

Generar un estímulo de calidad a tu sistema músculo-esquelético y mejorar tu coordinación neuromuscular, es decir, la comunicación entre cerebro y músculo, es fundamental para mantener las capacidades físicas del cuerpo.

La mejor opción para desarrollar estas capacidades es el entrenamiento de fuerza, ya sea con carga externa (pesas, gomas, etc.) o con el propio cuerpo.

Existen muchos métodos para entrenar la fuerza de forma eficiente. Te recomiendo probar varios y elegir el que salga ganando en la balanza entre adherencia y beneficios:

Circuitos de fuerza, CrossFit, levantamiento de pesas, entrenamiento interválico de alta intensidad (HIIT por sus siglas en inglés), entrenamiento personal, clases colectivas dirigidas, calistenia, autocargas, etc.

Como he explicado anteriormente, quiero que reconozcas lo mínimo necesario para mantenerte saludable. En mi opinión, entrenar fuerza 2 días a la semana entre 30 y 60 minutos es suficiente.

Existen cuatro movimientos que es importante realizar en cada sesión en entrenamientos de cuerpo completo:

Movimiento	Explicación	Imagen ejemplo
Empujes	Implican la musculatura de hombro y pectoral, que te permitan empujar cargas o tu propio cuerpo (*press* de cualquier tipo, flexiones, etc.)	
Tracciones	Trabajan la musculatura de hombro y espalda. Se acerca hacia ti una carga externa o tu propio cuerpo (remos, dominadas, etc.)	
Dominante de rodilla	Movimiento de extensión de rodilla, que activa principalmente la musculatura del cuádriceps (sentadilla, zancada, etc.)	
Dominante de cadera	Se realiza una extensión de cadera, que activa principalmente la musculatura glútea e isquiotibial (peso muerto, buenos días, etc.)	

El entrenamiento de core (zona abdominal, lumbar y glútea) también es recomendable, aunque si utilizas ejercicios de fuerza globales que impliquen estabilidad podría ser suficiente para estimular la zona. Además, realizar ocasionalmente movimientos diagonales o en rotación es interesante para mejorar la funcionalidad y movilidad del cuerpo.

Coordinación mente-cuerpo

El yoga y la respiración consciente son actividades muy recomendables para potenciar la conexión entre la mente y el cuerpo. Al no ser necesario controlar elementos externos, permite focalizarte en el cuerpo, facilitando una integración interna muy potente.

Respiración consciente

Tomar conciencia de la respiración y activar el nervio vago es vital; ayuda a relajar el cuerpo y a reducir la frecuencia cardíaca y el estrés. Respirar por la nariz en la inhalación y la exhalación, de forma profunda y diafragmática, facilita la activación del sistema nervioso parasimpático. Quizás no sea fácil en los inicios por falta de costumbre o complicaciones individuales, pero en la mayoría de los casos se puede trabajar y mejorar de forma progresiva.

La técnica *ujjayi pranayama* es una herramienta maravillosa para practicar la respiración consciente, además de ser muy útil en los entrenamientos físicos. Es sorprendente cómo ayuda a mantener el foco en el entrenamiento, reducir la frecuencia cardíaca y mejorar los tiempos de recuperación.

Si quieres alcanzar tu máximo rendimiento deportivo, olvídate de respirar por la boca, excepto cuando estás cerca de tu límite y ya no tengas otra opción. Eso sí, vuelve cuanto antes a respirar por la nariz cuando recuperes el ritmo respiratorio. Al concentrarte en la respiración, el foco interno es más intenso, aumentando en consecuencia la fluidez en el entrenamiento y la conexión mente-cuerpo.

Al contrario, cuando la respiración se realiza por la boca, se activa el sistema nervioso simpático, una respuesta de lucha y huida nada recomendable para mantener un nivel de estrés saludable. Abandona cuanto antes la costumbre de respirar por la boca, ya que te perjudica cada día sin que te des cuenta. No lo sabrás hasta que comiences a sentir los beneficios de respirar por la nariz. Empieza ya. Sólo con aprender y aplicar la respiración consciente, ya ha merecido la pena tu inversión en este libro y el tiempo que llevas dedicado a su lectura.

Yoga

El yoga es una filosofía milenaria, regalo de la tradición védica. Una de las ramas del yoga, la que implica el movimiento del cuerpo, es la práctica de *asanas* (posturas en sánscrito). En mi opinión, es una de las disciplinas más recomendables para la mejora y el mantenimiento de la salud, por su carácter holístico. Además de entrenar tu cuerpo, la mente y el espíritu participan activamente mejorando el equilibrio, la movilidad y la fuerza.

Actualmente hay muchas variantes y, al igual que en la fuerza, encontrar la que más se adapte a tus necesidades y forma de vida ayudará mucho a tu consistencia en la práctica. Para averiguarlo, experimenta las que puedas.

El yoga es la actividad física que más potencia la conexión mente-cuerpo, ya que la respiración y el control corporal tienen un protagonismo constante. En definitiva, una oportunidad perfecta para conectar con tu cuerpo a la vez que mejoras tu condición física.

Quiero aportarte tres formas de integrar el yoga en tu vida, para que puedas elegir la que más te guste:

1. Rutina de 5 a 10 minutos de asanas de yoga al despertarte. Sencilla, tipo saludo al sol. Su objetivo es aumentar la consciencia de tu cuerpo y despertarlo para iniciar el día con energía.

2. Clases de yoga. Elige tu especialidad favorita. Dos sesiones a la semana de entre 30 y 60 minutos es suficiente.

3. Dentro de los entrenamientos de resistencia o fuerza, una rutina de 5 minutos de yoga para calentar y vuelta a la calma. También sencilla (de nuevo puede ser el saludo al sol). Te ayudará a conectar con tu cuerpo y respiración para mejorar el rendimiento en la parte principal del entrenamiento.

Te recomiendo probar las tres y que elijas la que mejor te funcione. En mi caso particular, yo nunca he practicado yoga hasta hace unos meses y ahora mismo es una de mis prioridades de mejora. Te aporta algo diferente que merece la pena, como mínimo, experimentar.

Relación cuerpo humano-naturaleza

Los registros más antiguos del homo sapiens, nuestros ancestros, datan de hace unos 200.000 años aproximadamente. La genética del ser humano ha evolucionado progresivamente, creando adaptaciones para sobrevivir en un entorno natural y conseguir alimentos de la caza, pesca y recolección de frutas y plantas silvestres. Tras la invención de la agricultura y la ganadería comenzó un proceso profundo de cambio de hábitos, abandonando el nomadismo hacia poblaciones fijas que trabajan la tierra y la cría de ganado. Desde entonces, la adaptación del entorno hacia una vida cómoda ha sido una constante. La naturaleza ha sufrido las consecuencias de nuestro rechazo a través de la destrucción de ecosistemas y la extracción desmedida de recursos, a pesar de ofrecernos todo lo necesario para que podamos sobrevivir. Claramente, no es un agradecimiento en consonancia y no permite que la relación humanidad-naturaleza sea sana. La construcción de enormes ciudades grises, repletas de contaminación y con una densidad de habitantes inmensa es un ejemplo claro de la tendencia a alejarnos de la naturaleza, como si existiera una necesidad imperiosa de demostrar que el ser humano es el dueño y señor del planeta.

En este sentido, la mente puede adaptarse mucho mejor a tal situación, pero no es el caso del cuerpo. El estilo de vida actual no se extiende a más de 100 años, unas cuatro generaciones.

¿Puede una genética construida durante más de 100.000 años adaptarse a cambios tan bruscos en menos de 100 años?

Desde luego que no. El cuerpo sufre, siente aislamiento, carencia de luz solar, aire fresco y actividad física. Entiendo que es complicado cambiar esta circunstancia, pero se pueden realizar pequeñas acciones para reconectar con la naturaleza que no requieren excesiva entrega.

Exposición a la luz solar

El déficit de vitamina D es el problema de salud global más común en los países ricos y desarrollados

Michael F.Holick

A pesar de su nombre, la vitamina D tiene unos efectos en el cuerpo similares a las hormonas, interviniendo en las secuencias metabólicas, funciones celulares y en la expresión genética. En cantidades adecuadas influye de forma beneficiosa en la salud ósea, celular, orgánica, muscular, inmune y cerebral, además del estado de ánimo. Entre un 90% y un 95% de la vitamina D que necesitamos la mayoría de las personas proviene de la exposición al sol. Es mucho más eficaz que ingerirla con alimentos, ya que no es abundante en las fuentes dietéticas. Otra opción es tomar suplementos, pero los beneficios que nos aporta la luz del solar siempre van a ser superiores. La cantidad diaria recomendada de vitamina D es entre 1.000 y 2.000 UI.

La exposición solar es positiva y necesaria, pero también nos puede perjudicar si se hace en exceso. No es necesario demasiado tiempo, aunque dependiendo del color de piel, la ubicación geográfica y la estación del año necesitarás más o menos exposición. Las pieles más oscuras requieren más tiempo al sol para generar la misma cantidad de vitamina D. Como norma general, para pieles mediterráneas que pueden quemarse y broncearse es suficiente con una exposición diaria de entre 20 y 30 minutos. Es recomendable que la piel pueda recibir la luz solar, así que deja brazos y piernas al descubierto. La vitamina D generada en la piel dura el doble en la sangre que la ingerida en la dieta. Una vez que has tomado el sol el tiempo necesario, puedes aplicar protector solar si tu piel no está acostumbrada a exponerse al sol o tienes una piel muy sensible.

Earthing

Camina como si estuvieras besando
a la Tierra con tus pies

Thich Nhat Hanh

¿Qué pensarías si te dijera que la superficie de la Tierra tiene una carga eléctrica que beneficia la salud de nuestro cuerpo?

Estar conectado a la tierra, conocido como *earthing* (*y también grounding*), consiste en situar nuestros pies descalzos sobre hierba, grava, tierra o arena. Tan simple y sencillo como lees. Sin embargo, ¿cuántas veces a lo largo del día se da esta situación?

Probablemente, nunca.

Generalmente utilizamos calzados que no conducen la electricidad, fabricados con plástico o caucho. Este hecho imposibilita que los beneficios que nos ofrece la superficie terrestre lleguen a nuestro cuerpo. El earthing funciona de la siguiente manera.

La superficie de la Tierra tiene una ligera carga negativa, electrones antiinflamatorios que transitan rápidamente por nuestro cuerpo cuando caminamos descalzos sobre una superficie conductora. Los procesos metabólicos que se producen en nuestras células producen radicales libres con carga positiva, que roban electrones a otros tejidos sanos. Si permitimos que los electrones de la superficie terrestre entren en el cuerpo, pueden neutralizar los radicales libres y evitar de esta forma los daños que puedan generar en el organismo. Reconectando con la Tierra permites a tu cuerpo volver a su carga eléctrica estable.

Dentro de los beneficios de la práctica del earthing, el más destacable es reducir la inflamación y mejorar la respuesta del sistema inmunológico. Actualmente, la inflamación crónica de bajo grado está presente en la mayoría de la población de los países desarrollados. Es silenciosa, parece que no hace nada, pero ahí está, facilitando el inicio de enfermedades que brotarán si no se corrige ese estado.

Además, el *earthing* tiene una incidencia importante en el funcionamiento holístico del cuerpo, principalmente en:

- Reducción del dolor crónico
- Mejora del flujo sanguíneo
- Reducción de estrés
- Aumento de energía
- Mejora en la calidad del sueño
- Aceleración en la recuperación de lesiones
- Mejora en el funcionamiento del sistema nervioso autónomo

Para conectarte a la tierra tienes dos opciones:

1. Caminar o permanecer descalzo en contacto con superficies conductoras naturales: hierba, tierra, grava o arena.

2. Adquirir sistemas que simulan el efecto de la superficie terrestre en nuestro cuerpo. Pueden ser almohadillas, mantas, bandas corporales o parches. Es un buen recurso para conectarse en un entorno artificial.

Lo ideal es permanecer conectado el mayor tiempo posible, incluso durmiendo. No obstante, con 30-45 minutos diarios ya se pueden apreciar síntomas de mejora.

El *earthing* es una práctica muy sencilla que aporta grandes beneficios a coste cero. Te recomiendo exponerte a la naturaleza y permitir que la carga terrestre penetre en tus pies descalzos siempre que puedas, es una sensación muy agradable. Si tus circunstancias personales no lo permiten, siempre puedes utilizar una alfombrilla en tu lugar de trabajo o dormir con una manta que simule la conexión a tierra.

Baños de bosque

En toda caminata por la naturaleza, uno recibe mucho más de lo que busca

John Muir

Seguro que recuerdas algún momento de tu vida en el que no te encontrabas bien y un paseo sumido en la naturaleza cambió tu estado automáticamente, dejando de lado la tristeza para acoger seguridad, confianza, paz.

La naturaleza y los árboles son extremadamente generosos; ofrecen sin límites, sin pedir nada a cambio, es una auténtica maravilla. De hecho, la vida no sería posible sin el oxígeno que nos regalan cada día los océanos y las plantas. Permitirse recibir y agradecer lo que ofrece la naturaleza es mucho más eficaz para mejorar el estado de ánimo que quedarse en casa frustrado viendo una serie de televisión.

Si estás de mal humor sal a caminar. Si todavía estás de mal humor, da otro paseo

Hipócrates

Si no tienes posibilidad de acceder a la naturaleza, el fin de semana es una oportunidad perfecta para realizar alguna actividad que ayude a mejorar tu bienestar físico, mental y emocional. Disponer de plantas en casa y cuidarlas es otra forma de conectar con la naturaleza y sentirla más cerca.

La exposición a estresores naturales

Un estímulo perjudicial aumenta la fortaleza del cuerpo, siempre que la dosis sea apropiada. La hormesis consiste precisamente en eso, crear una adversidad controlada para adaptar al cuerpo a situaciones incómodas, incrementando su tolerancia. Ejemplos de estresores naturales son los siguientes:

- Ejercicio físico intenso: Una sesión de HIIT, sprints, o entrenar la fuerza cerca del fallo
- Exposición al frío: 1 minuto de ducha fría o pasear sin abrigarse demasiado
- Exposición al calor y al sol: sauna o caminar al sol 20-30 minutos

- Ayuno intermitente: Periodos de ayuno de entre 12 y 20 horas diarias

- "Suciedad" natural: caminar en tierra o actividades de aventura

Un cuerpo adaptado a múltiples contextos es mucho más difícil que enferme, ya que tendrá recursos para adaptarse a muchas y variadas circunstancias. Como ves, no es necesaria ninguna actividad complicada.

De igual forma, te recomiendo respetar los ciclos naturales de las estaciones e intentar encontrar un equilibrio. Por ejemplo, en invierno es aconsejable exponerse a la luz solar siempre que sea posible, a la vez que conviene que el cuerpo esté adaptado al frío.

El decálogo del movimiento

Espero que este decálogo te sirva de guía para orientar tus movimientos hacia una vida plena en salud y autorrealización. Me he enfocado en remarcar las actividades que considero esenciales, las que más pueden ayudarte a mejorar dedicándoles un mínimo de tiempo. Te aseguro que agradecerás estas dosis de autocuidado; un cuerpo sano facilita vivir sin limitaciones. Recuerda que es preferible prevenir que curar; no esperes a la enfermedad para pasar a la acción.

1. Aprende a escuchar las necesidades de tu cuerpo
2. Entrena fuerza dos veces por semana
3. Practica yoga habitualmente
4. Camina mínimo 10.000 pasos diarios
5. Respira por la nariz
6. Conecta siempre que puedas con la naturaleza
7. Exponte a estresores horméticos controlados
8. Presta atención a lo que te hace avanzar
9. Siente que mejoras cada día
10. Goza del movimiento

1.3 Alimentación

Haz de tu alimentación tu mejor medicina

Hipócrates

Tenemos la virtud de facilitar lo complejo, a la vez que complicar hasta el extremo lo más simple. En mi opinión, la alimentación ha derivado en un sinfín de tendencias que ha provocado un caos tremendo en los países más avanzados, cuando es un instinto básico que necesitamos cubrir para sobrevivir. Debería ser algo fácil, que ayude a nuestro cuerpo a funcionar correctamente sin elementos negativos asociados.

Hoy en día se puede seguir una alimentación baja en carbohidratos, FODMAP, vegana, carnívora, evolutiva, cetogénica, mediterránea, alcalina, orgánica, détox y muchísimas más.

Además, hay múltiples estrategias en función de la restricción calórica, alimentos concretos y número de comidas diarias, sin olvidar la inmensa oferta de suplementos nutricionales que existen a nuestra disposición. Un contexto que es un privilegio, el de la abundancia de alimentos y opciones, ha desencadenado una de las principales causas por las que las personas del siglo XXI enferman, junto al sedentarismo.

En conclusión, no sabemos qué comer. Un superalimento para una tendencia es el *demonio* para otra; y ni el aguacate se salva de la quema. Ya se sabe que es mucho más fácil gestionar la escasez que la abundancia, pero como seres conscientes tenemos la responsabilidad de mejorar y emplear bien los recursos propios y naturales.

Asimismo, han surgido diversos trastornos relacionados con la conducta alimentaria, a raíz de estereotipos sociales de belleza y una relación negativa con la comida. Enfermedades como la anorexia, la bulimia, el trastorno por atracón y la restricción alimentaria están muy extendidas, causando graves daños psicológicos y de autoestima. Muchos adolescentes sufren las consecuencias de una alimentación incorrecta, en una fase muy delicada para su desarrollo. Por desgracia, son patologías que cuesta mucho comunicar, agravando aún más la situación. Ojalá avancemos pronto hacia el respeto y la empatía en los trastornos mentales, al igual que sucede con las enfermedades físicas. Es el único camino para que quienes sufran patologías relacionadas con la alimentación no tengan una alta probabilidad de sufrir rechazo social.

¿Quién ha provocado este problema?

Creo que es importante recordar que siempre somos parte del problema o de la solución. Asumir nuestra parte de responsabilidad es el primer paso para avanzar. No obstante, siempre hay líderes con gran poder de influencia sobre nuestras decisiones y conviene conocerlos bien.

La industria alimentaria

Crear un negocio a partir de una necesidad vital no tiene nada de malo, pero cuando se obtienen beneficios a costa de la salud de los consumidores sin ningún tipo de reparo, ahí sí que se originan grandes desastres.

¿Quieres conocer a las 10 empresas líderes del mercado alimentario? ¿Y algunas de sus marcas más populares?

Empresa	Algunas marcas vinculadas
Nestlé	Nesquik, Nescafé, Kit-kat
PepsiCo	Lays, Ruffles, Aquafina, Doritos
Unilever	Bertolli, Magnum, Hellman´s Knorr
Coca-Cola	Sprite, Bonaqua, Burn, Powerade
Mars	M&M, Orbit, Snickers, Twix, Bounty
Mondelēz	Oreo, Milka, Halls, Royal
Danone	Danacol, Oikos, Activia, Evian
Associated British Foods	Sunblest, Twinings, Kingsmill
General Mills	Chocapic, Häagen-Dazs
Kellogg´s	Pringles, special-K, Wheatables

(https://www.consumer.es/alimentacion/multinacionales-alimentacion-controlan-mercado.html)

¿Y a las 10 cadenas de restaurantes más numerosas del mundo?

Cadena de restaurantes	Establecimientos
Subway	41.600
McDonald´s	39.198
Starbucks	32.660
Kentucky Fried Chicken (KFC)	24.104
Burger King	18.838
Pizza Hut	18.703
Domino´s	17.020
Dunkin´	12.871
Hunt Brothers Pizza	7.800
Taco Bell	7.363

(https://en.wikipedia.org/wiki/List_of_the_largest_fast_food_restaurant_chains)

Estas corporaciones no están obteniendo millones de dólares tras aportarnos alimentos y salud a nuestro cuerpo, más bien les pagamos y enfermamos al consumir sus productos (en muchas ocasiones son productos, no alimentos). Nuestra responsabilidad es no consumir sus productos -o al menos limitarlos al máximo-, pero no hay que negar que son unos genios del marketing. Cada día visualizamos sus ofertas sin cesar, aún en contra de nuestra voluntad. Además, todos los ingredientes adictivos que añaden, como el azúcar y los potenciadores de sabor, son un imán para nuestro cerebro. Si sumamos esta circunstancia a la indecisión -no sabemos qué comer-, no es de extrañar que la mayoría de la población tenga a su metabolismo sufriendo las consecuencias. Y te aseguro que las frases "un día es un día" o "ya empezaré el lunes", no ayudan a solucionar el problema.

Entonces, ¿qué hacemos?

Comencemos por lo más básico, ¿para qué nos alimentamos?

Principalmente, para dos cosas:

1. Aportar energía a nuestras células para que puedan cumplir sus funciones

2. Aportar los nutrientes que el cuerpo necesita para reponer sus estructuras y realizar sus procesos

La energía la obtenemos principalmente de los carbohidratos y de las grasas, que se degradan hasta obtener ATP para nuestras células.

Los nutrientes esenciales son:

- Ácidos grasos omega 3 y omega 6.

Es recomendable que la proporción sea lo más aproximada posible a 1:1. Actualmente, la proporción en las dietas occidentales suele ser 15:1, por eso se recomienda aumentar el consumo de omega 3 y reducir omega 6.

- 14 vitaminas

- 15 minerales

Normalmente, las necesidades de vitaminas y minerales se cubren adecuadamente si se consumen alimentos naturales, frescos y poco procesados. En algunos casos, si se sigue alguna dieta particular o se busca un mayor rendimiento cognitivo o deportivo, puede ser interesante suplementar con algún micronutriente en función de las particularidades de cada persona.

¿Qué fuente de energía es mejor, los carbohidratos o las grasas?

Es un tema muy intenso y de amplio debate. Hay referencias en el sector de la nutrición que apoyan la dieta cetogénica (reducir los carbohidratos de la dieta a un 5% de calorías diarias aproximadamente), mientras que otros defienden que los carbohidratos, además de energía, aportan diferentes beneficios a la salud del cuerpo y de la mente.

En mi opinión, hay tres aspectos claros:

1. Los hidratos de carbono no son esenciales para el cuerpo humano, se puede generar glucosa por otras vías.

2. El cuerpo debería ser capaz de utilizar la grasa y los hidratos de carbono como fuente de energía de forma eficiente.

3. A nivel evolutivo, el consumo alto de hidratos de carbono no apareció hasta la invención de la agricultura.

Quizá pienses que soy un defensor de la dieta cetogénica, pero, aunque que me parece interesante, no creo que sea para todo el mundo. No obstante, si se consumen hidratos de carbono constantemente es imposible que se utilicen las grasas como fuente de energía, dificultando su metabolismo. Los hidratos de carbono tienen su función y son recomendables en algunos contextos; el problema es que se abusa de ellos y su calidad suele ser baja a nivel nutricional. Consumir pan, frutas, cereales o arroz en todas las comidas no es el mejor planteamiento.

Por lo tanto, mi consejo para ti es el siguiente:

1. Mejora la flexibilidad metabólica: los ayunos intermitentes y algún ciclo de dieta cetogénica de 4 semanas como mínimo al año mejorará el metabolismo de las grasas. Si quieres perder grasa, es bueno que tu cuerpo sepa utilizarla como energía.

2. Si eres sedentario, reduce hidratos de carbono: sencillamente, si te mueves poco necesitas menos energía. Por lo tanto, es más recomendable que consumas alimentos con mayor densidad nutricional como las verduras de hoja verde o los huevos.

3. Entrenar en ayunas: realizar actividad física sin ingerir alimentos durante las horas previas al mismo, potencia la flexibilidad metabólica. Ya no necesita-

rás comer antes de cada entrenamiento para sentirte bien, aunque es probable que necesites un periodo de adaptación para rendir sin problemas. Para esta práctica es recomendable no realizar entrenamientos de alta intensidad, por lo que aprovecha los días de entrenamiento de baja o media intensidad para el ayuno.

Siguiendo estos consejos mejorarás el metabolismo de las grasas y, con ello, probablemente tu composición corporal. De todas formas, recuerda que tu cuerpo funciona como un todo. Por ejemplo, si te alimentas muy bien, pero te genera mucho estrés, no vas a conseguir una adherencia a largo plazo. A mi parecer, alejarse de tendencias extremistas y buscar el punto medio adaptado a ti es la clave del éxito. Por ello, te recomiendo seguir a personas que te generen confianza y no se cierren en una metodología concreta como la mejor para todos los casos, ya que quizás tú necesites una estrategia diferente. Escuchar a tu cuerpo te ayudará a darle lo que necesita.

Como quiero ayudarte a que simplifiques tu alimentación, vamos a lo sencillo. Voy a darte algunos consejos en relación a cosas que evitar y otras que seguir, a nivel general. Como siempre, experimenta, hazlo de forma consciente y mantén en el tiempo lo que te ayuda a mejorar y sentirte bien. Si buscas algo más específico, encuentra a un nutricionista que guíe tu alimentación de forma personalizada.

Evitar

1. Alimentos procesados: muy fácil. Si el alimento tiene más de 3 ingredientes, duda; si tiene más de 5, huye. Hay alguna contada excepción, pero seguir esta regla te ayudará a evitar comprar "productos" en forma de alimentos.
2. Azúcar añadido: el azúcar refinado únicamente tiene calorías, cero nutrientes. Ya vamos mal. Además, está directamente relacionado con enfermedades metabólicas como la diabetes y la obesidad. Para rematar, no sacia en absoluto y es adictiva.
3. Comer muchas veces al día: dos o tres comidas diarias es más que suficiente. Organiza de forma adecuada cada comida, con su aporte de proteína, energía y nutrientes esenciales.
4. Picar entre horas: si picas, hay dos opciones. O tus comidas no son suficientemente nutritivas o tienes ansiedad. Ninguno de estos problemas se soluciona comiendo entre horas.
5. Alcohol y bebidas azucaradas: volvemos a lo mismo, muchas calorías y pocos nutrientes. A pesar de que muchos hablan de las bondades del vino y la cerveza, hay formas mucho más saludables de obtener esos micronutrientes sin exponernos a los daños que produce el alcohol en el organismo. Disfrútalo en dosis pequeñas y ocasionalmente.
6. Huye de las grasas hidrogenadas y de los aceites vegetales (exceptuando el de oliva): son elementos básicos de la bollería, los procesados y los *snacks*. Aumentan la duración de conserva de los alimentos a la vez que reducen su coste. Esto, como podrás adivinar, es bueno para las corporaciones y muy malo para tu cuerpo.

Potenciar

1. Ayuno intermitente: ayunar entre 12 y 16 horas al día ayuda a que tus intestinos eliminen los residuos de la digestión y a disminuir la inflamación. Adelantando algunas horas la cena ya es fácil que lo consigas.

2. Ingestas y alimentos con alto valor nutritivo: consume alimentos con alto contenido de vitaminas y minerales y añade proteína en todas las comidas.

3. Alimentos frescos: carne, pescado, huevos, verdura, frutas; si no está empaquetado ni lleva plástico es buena señal.

4. No pases hambre: es fatal para la adherencia. Aumenta la saciedad consumiendo alimentos sólidos, con bajo índice glucémico y ricos en proteína y fibra. Otra buena estrategia es tomar caldo de huesos o infusiones cuando necesites calmar el apetito.

5. Respeta la rutina: intenta comer a horas similares cada día. Te recomiendo que la comida más fuerte sea al mediodía, momento en el que la digestión suele ser más eficiente. El resto, a tu elección; lo que mejor te funcione.

6. Prepara bien la compra: dedícale un tiempo a preparar la compra para hacerla eficiente. Si vas poco a comprar, menores tentaciones de adquirir alimentos poco saludables. Lo agradecerá tu salud y tu bolsillo.

7. Disfruta de la comida: preocuparse en exceso de comer bien y no disfrutarlo te llevará al fracaso. Piensa en la comida como una relación personal que cuidas todos los días. Más vale que sea agradable y placentera.

1.4 Descanso

Acostarse temprano y levantarse temprano
hace a un hombre sano, rico y sabio

Benjamin Franklin

El cuerpo se despierta y la maquinaria se pone a funcionar a pleno rendimiento. Durante el día, la fisiología realiza incontables tareas, tanto internas como externas, que permiten interaccionar con el mundo eficazmente. Tras este esfuerzo, se necesita un periodo de recuperación, dormir. Durante el sueño, el cuerpo asimila toda la información que ha recibido durante el día, limpia todos los desechos que se han producido a nivel interno y se prepara para la siguiente jornada. Por lo tanto, aunque sea inconsciente, el funcionamiento del cerebro y del cuerpo sigue activo mientras dormimos.

Beneficios de una buena rutina de sueño

Como pilar de la salud para el cuerpo, dormir bien aporta beneficios a todos los niveles, tanto cognitivos como físicos. Como principales beneficios podríamos destacar:

- Alto nivel de energía
- Mejora el rendimiento cognitivo y el aprendizaje
- Ayuda a regular el sistema endocrino (hormonas)
- Mejora del sistema inmune

- Reducción de estrés
- Mejora las adaptaciones de la actividad física y la composición corporal

Sin embargo, en la actualidad un gran porcentaje de la población tiene problemas o trastornos relacionados con el sueño. Volvemos a lo mismo: ¿cómo puede ser que algo tan natural y necesario como el sueño sea tan complicado para tantas personas?

La respuesta es que vivimos en un contexto desnaturalizado en el cual se reciben continuamente señales que confunden al cerebro, provocando que sea imposible que reconozca si es un momento de descanso o de actividad. Ejemplos de esas señales son las siguientes:

- Luz artificial
- Elevados niveles de estrés laboral y social
- Rutinas diarias alteradas
- Consumo de alcohol
- Consumo de bebidas estimulantes durante la noche
- Alta carga mental antes de ir a dormir
- Desconexión de luz solar y naturaleza
- Cenar tarde

Todos los estímulos que he citado generan caos y desorden: es como tener un jefe que cada cinco minutos te indica tareas diferentes; al final entras en una rueda de confusión en la que no sabes qué hacer. No te preocupes, tiene solución; pero necesitarás aplicarte y fomentar buenos hábitos durante un tiempo hasta que el cerebro automatice lo que es natural para su bienestar.

Los ritmos circadianos

Imagina a los ritmos circadianos como el reloj de tu cuerpo. Las horas en las que tienes hambre, en las que te sientes con más rendimiento mental o físico, o cuando tienes sueño; todos esos aspectos están regulados por ciclos de 24 horas. Como podrás adivinar, interesa que funcione bien el reloj. Si respetas y mantienes unos hábitos en tus acciones diarias, mejorarás tu rendimiento y aumentarás tu nivel de energía.

¿Eres alondra o búho?

A las personas matutinas se las relaciona con la alondra y a las nocturnas con el búho. Pero, ¿puede la naturaleza del ser humano ser nocturna?

Actualmente, muchas personas sienten que su naturaleza es nocturna. Sin embargo, en toda nuestra historia evolutiva hemos buscado la luz y huido de la oscuridad, al igual que los animales con cierto parecido a nosotros, como lo primates. Entonces, ¿cuál es nuestra verdadera naturaleza? Es fácil deducirlo respondiendo a esta pregunta: Si no existiera la luz artificial ni la electricidad, ¿te quedarías despierto hasta las tantas de la madrugada?

Seguramente preferirías aprovechar la luz del día. Entonces, ¿por qué ahora hay seres humanos que se consideran nocturnos? Las causas pueden ser múltiples (mayor inspiración, creatividad, exposición a luz artificial de noche, sensación de calma y tranquilidad, entre otras), pero no es natural. A consecuencia de acostarse tarde, los ritmos circadianos se destrozan. No es un problema cuando es una excepción, pero puede perjudicar tu salud y rendimiento si se convierte en un hábito.

Si te acuestas tarde, sólo hay dos opciones:

1. Duermes pocas horas diarias
2. Te levantas tarde por la mañana

Si hay que elegir, es preferible la segunda opción, aunque el cuerpo está diseñado para dormir durante la noche. Es muy complicado conseguir un buen rendimiento diario con esa dinámica, ya que todo el proceso regenerativo del cuerpo se ejecuta mejor en las horas nocturnas, como hemos mencionado.

Quiero remarcar que, obviamente, no sucede nada por trasnochar en alguna ocasión; lo verdaderamente significativo es la rutina diaria. Soy consciente de que hay personas que se sienten mucho más creativas en las últimas horas del día, a la vez que surgen eventos nocturnos a los que se quiere asistir, pero considero importante que sean excepciones y no normas.

La luz artificial (luz azul)

Actualmente, es extraño que alguien no utilice un móvil, un ordenador o una Tablet para sus tareas laborales. La luz azul que llega a nuestros ojos desde las pantallas está directamente relacionada con diversas patologías, como la fatiga y el estrés visual. Además, suprime la síntesis de melatonina, lo que influye negativamente en la calidad del sueño. Sin embargo, visualizar una serie antes de dormir o mirar el móvil en la cama son hábitos comunes que impiden un descanso apropiado. Te recomiendo pulsar el botón modo avión e irte a dormir lejos de las pantallas. También utilizar bombillas de luz amarilla por la noche es muy recomendable, ya que inhiben en menor medida la melatonina.

Excepciones genéticas

Existen mutaciones genéticas (DEC2, por ejemplo) que te permiten dormir menos horas y mantenerte a pleno rendimiento. Algunas personas afortunadas pueden verse beneficiadas de este regalo, ya que con seis horas diarias o menos pueden sentirse plenos de energía y sin consecuencias negativas. Si es tu caso, date por afortunado, pero no es lo normal. Por ello, si te sientes cansado después de una época estresante de dormir poco, vuelve cuanto antes a descansar 7 u 8 horas diarias.

Ajusta tu reloj interno

Para mantener una buena salud y aumentar el rendimiento diario es indispensable que tu reloj circadiano funcione correctamente y que, a la vez, tengas un sueño placentero. Quiero regalarte estos consejos para que puedas ir experimentando con ellos y, como siempre te recomiendo, quédate con los que más te ayuden y te hagan sentir bien.

Decálogo para optimizar tu descanso

1. Levántate 15 minutos antes del amanecer

2. Exposición diaria al sol y naturaleza

3. Si tomas la siesta, que sea después de la comida del mediodía y no más de 30 minutos

4. Realiza actividad física y/o camina

5. Evita el consumo de alcohol

6. Evita bebidas estimulantes durante la tarde y noche

7. Evita la exposición a la luz artificial 2 horas antes de ir a dormir

8. Crea tu rutina previa al descanso

9. Evita pensamientos o preocupaciones en la cama

10. Duerme entre 7 y 8 horas diarias

La naturaleza humana es la ausencia de enfermedad

El cuerpo humano está diseñado para funcionar perfectamente, a pleno rendimiento. Es una máquina maravillosa que permite interactuar con el entorno y disfrutar gracias a toda la información que llega a través de los sentidos. Descartando el infortunio de que se padezca un trastorno genético, la ausencia de enfermedad debería ser el estado natural. Por lo tanto, no te conformes con menos, pero siendo consecuente con tus actos. Si no llevas el coche al taller en 10 años, lo normal es que no pueda rodar ni un kilómetro; prevenir siempre es mejor que curar.

Preguntas resumen

- Define tu situación actual respecto al movimiento, alimentación y descanso.
- Define tu situación deseada respecto al movimiento, alimentación y descanso.
- ¿Qué puntuación te darías en cada uno de los pilares de la trinidad? (Del 1 al 10)
- Movimiento:
- Alimentación:
- Descanso:
- ¿Qué cambios vas a comenzar a realizar para alcanzar la situación deseada?

¿Qué acciones deberías dejar de hacer para facilitar la situación deseada?

2. Mente

La mente es una herramienta para explorar, no para sacar conclusiones

Sadhguru

Siempre que te juzgues o comiences a autosabotearte por algún pensamiento que no pertenece a tus valores, recuerda esto: la mente es una herramienta, pero no define quién eres ni lo que eres.

Gracias a la mente podemos percibir e interpretar todos los estímulos que recibimos desde el exterior, además de desarrollar conexiones de información, ideas y el autoconocimiento. Sin duda, es una herramienta maravillosa. No obstante, vincularse en exceso a la mente puede generarte muchos problemas; y aún más si no eres consciente de ello.

La mente tiende a crear una identidad para asegurar la supervivencia. En consecuencia, desarrolla apegos y creencias que facilitan la vida y ayudan a la integración dentro de la sociedad. La naturaleza del ego, una vez que se ha formado, es inconsciente y actúa en modo automático con el fin de ahorrar energía y tomar decisiones rápidamente. En definitiva, tu ego va a dirigirte a una vida que facilite la supervivencia con el mínimo esfuerzo posible.

A simple vista, parece perfecto y tiene mucha lógica a nivel evolutivo. Sin embargo, el ser humano aspira a más y, como consecuencia, una vida inconsciente suele generar insatisfacción personal. El ego tiene una clara tendencia hacia lo externo y la separación. Nos impulsa a tener, a hacer, a recibir elogios y a identificarnos con lo que los demás piensan de nosotros. Sin duda, es el gran rival, el enemigo más potente que encontraremos en la vida, y está dentro de cada uno de nosotros. Por ello, es necesario aprender a utilizar la mente, conocerla para ser consciente de cuando el ego está tomando protagonismo. No te recomiendo que quieras ganar a tu ego, es una batalla perdida antes de disputarla. ¿Te imaginas convencer a tu padre para cambiar de partido político? Pues tu mente es infinitamente más testaruda que tu padre, además de conocerte perfectamente. Sabe qué decirte para eliminar tu fuerza de voluntad de un plumazo.

No luches batallas que no puedes ganar

Ahora, si trabajas día a día para conseguir empoderarte respecto a tus creencias y pensamientos, la mente se irá relajando progresivamente y aceptará lo que es adecuado para ti. Lo mejor de todo es que cada vez gastarás menos energía, reduciendo las resistencias.

2.1 Trinidad de la mente

Sé un maestro de la mente, no dominado por la mente

Proverbio Zen

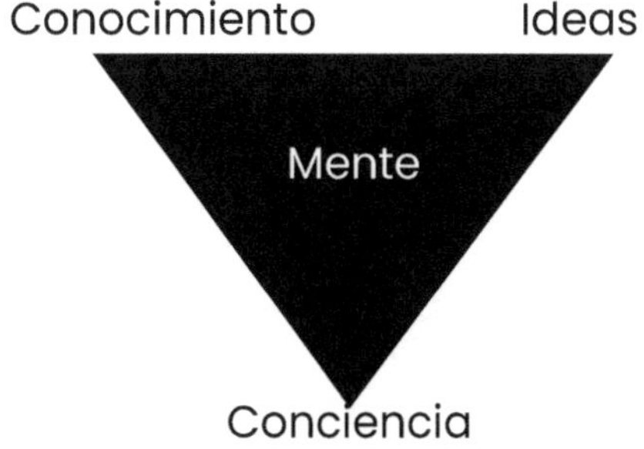

Tenemos unos 60.000 pensamientos, que suelen ser idénticos, cada día. Nuestro inconsciente maneja un 93%, así que si queremos generar cambios sólo disponemos de un 7%. Como podrás concluir, más vale que los utilices bien. La mente es la que te permite actuar de forma consciente, razonando lo que piensas y haces, cuestionando si armoniza contigo. A pesar de que un 7% puede parecer poco, siempre puedes encontrar un enfoque más positivo. Tienes 4.200 oportunidades cada día para ir agregando progresivamente pensamientos que quieras que formen parte de tu inconsciente.

Así mola más, ¿verdad?

Para dirigir tus pensamientos de forma consciente es conveniente definir antes tus valores. Para ello, puedes utilizar la siguiente tabla. Existen muchísimos más, por lo que puedes añadir alguno que consideres importante en los huecos vacíos.

Elige los 10 valores, en orden de importancia, que sean los más relevantes para ti. De esta forma, cuando tengas alguna duda sobre si un pensamiento armoniza contigo puedes hacerte esta pregunta:

¿Tiene coherencia este pensamiento con mis valores?

Si la respuesta es sí, dale fuerza. Si es negativa, no dejes que penetre en tu inconsciente. Déjalo ir.

Tabla de valores personales

Abundancia	Desafío	Independencia	Placer
Aceptación	Determinación	Influencia	Precisión
Alegría	Disciplina	Integridad	Profundidad
Amor	Eficacia	Inteligencia	Progreso
Amistad	Empatía	Intimidad	Prosperidad
Armonía	Energía	Justicia	Respeto
Aventura	Equilibrio	Lealtad	Riqueza
Belleza	Estabilidad	Libertad	Sabiduría
Bienestar	Excelencia	Maestría	Salud
Bondad	Familia	Modestia	Sencillez
Claridad	Fe	Naturaleza	Tradición
Compromiso	Felicidad	Oportunidad	Valentía
Conciencia	Flexibilidad	Optimismo	Verdad
Confianza	Generosidad	Orden	
Conocimiento	Gratitud	Organización	
Contribución	Honestidad	Paciencia	
Constancia	Humildad	Pasión	
Cooperación	Humor	Paz	
Creatividad	Igualdad	Perdón	
Curiosidad	Imaginación	Perseverancia	

He querido plantear este capítulo de forma muy práctica. Por ello, su trinidad evoluciona desde el entendimiento básico de conceptos como conocimiento, avanzando a la formación de representaciones mentales o ideas, y finalizando con la integración de toda la información recibida a través de la autoconciencia.

2.2 Conocimiento

El conocimiento en la mejor inversión
que se puede hacer

Abraham Lincoln

El conocimiento es todo lo que se conoce y ofrece la posibilidad de explicar y comprender los diferentes conceptos que se han creado. Su expansión llega a través de los aprendizajes y experiencias adquiridas durante la vida. Cada día se teje una red de conceptos que crece con cada estímulo percibido. A mayor diversidad y profundidad absorbida desde el entorno, mayor será la red de conocimiento a disposición. Lo más interesante es que cuanto más grande es la red, más conexiones se crean entre los diferentes conceptos, aumentando la capacidad de comprensión holística. Por ello, es de gran importancia exponerse a aprender de cada situación y persona que se presenta en la vida. De igual forma, la red puede atrofiarse, perder conexiones y volverse lenta, densa. Sucede cuando se entra en una dinámica poco estimulante y, además, se abandona el interés por aprender y experimentar lo nuevo.

El cerebro es plástico, las neuronas pueden regenerarse tanto anatómica como funcionalmente y formar nuevas conexiones sinápticas. El potencial de adaptación del ser humano al entorno es enorme. Si la rutina diaria es atractiva y se afronta con ganas e ilusión de absorber lo que ofrece, el cerebro mejorará sus prestaciones progresivamente. Además, esta circunstancia no tiene fecha de caducidad. Al contrario de lo que se piensa generalmente, el cerebro nunca deja de responder positivamente al aprendizaje.

Inteligencia fluida y cristalizada

La inteligencia fluida está relacionada con las capacidades de respuesta ante estímulos nuevos, el razonamiento lógico y la capacidad matemática. Tiene un importante componente genético y adquiere su punto máximo de desarrollo alrededor de la adolescencia. Cuanto más enriquecedor sea el ambiente durante el crecimiento del niño, más beneficiado se verá el desarrollo de su inteligencia fluida. Por otra parte, la inteligencia cristalizada tiene relación con el aprendizaje cognitivo a través de las experiencias, a la vez que mejora la capacidad de conectar la información con los conocimientos adquiridos previamente. Es decir, relaciona los conocimientos de la inteligencia fluida con las experiencias propias, formando la red de conocimiento. La herencia genética influye en tus capacidades, pero independientemente de ello, si se sigue aprendiendo con perseverancia toda la vida se pueden crear patrones y conexiones que permitan solucionar problemas con gran eficacia. Respecto al aprendizaje, nunca es tarde ni suficiente.

Las etapas del aprendizaje

Para dominar una disciplina con solvencia, el proceso de aprendizaje requiere de práctica y disciplina. Ahora mismo, es muy probable que puedas escribir, correr, trazar una línea recta, o conducir sin pensar en cómo tienes que hacerlo, pero sabes que no siempre ha sido así. De forma general, aprendemos siguiendo estas cuatro etapas:

1. Incompetencia inconsciente. En este momento, nunca te has expuesto a la práctica. En definitiva, nunca la has experimentado o ni siquiera la conoces (te gustaría aprender alemán).

2. Incompetencia consciente. Conoces la habilidad y eres consciente de que no la dominas. Si tras las primeras experiencias quieres mejorar más, necesitas construir el hábito a través de tu propio aprendizaje o la ayuda externa que consideres (comienzas un curso de alemán).

3. Competencia consciente. Tu evolución es positiva y cada vez sientes más confianza. Sin embargo, aún necesitas pensar demasiado, no puedes fluir completamente (puedes hablar alemán, pero de forma forzada y sin seguridad).

4. Competencia inconsciente. Finalmente, eres capaz de ejecutar sin pensar. Sientes gran confianza y dominio en la habilidad o disciplina (hablas alemán con fluidez y sin esfuerzo).

Si quieres dominar una habilidad necesitas ser capaz de realizarla sin pensar, de forma inconsciente. Por lo tanto, no pares hasta conseguirlo. Encuentra un *para qué* potente y refuerza el hábito durante el proceso de aprendizaje.

Las barreras del aprendizaje

Carol Dweck, en su libro *Mindset: La actitud del éxito*, compara la mentalidad fija y la mentalidad de crecimiento. A continuación, os presento una tabla en la que podrás observar las diferencias entre cada una de ellas.

MENTALIDAD FIJA	VS.	MENTALIDAD DE CRECIMIENTO
Predeterminada y finita	**Inteligencia**	Es progresiva y se puede desarrollar
Si no dominas una habilidad, nunca lo conseguirás	**Habilidades**	Puedes adquirir habilidades nuevas con esfuerzo
Es resultado de la suerte	**Éxito**	Es resultado de decisiones firmes e inteligentes
Evitan situaciones que pueden llevar al fracaso	**Retos**	Abraza las oportunidades independientemente del resultado
Racionaliza y encubre sus debilidades	**Fracaso**	Aprende de sus debilidades y aprendes nuevas capacidades
Suma 0: si ganas, yo pierdo, y viceversa	**Negociación**	Busca un resultado ganar-ganar
Aisladas y con un fin concreto	**Relaciones**	Inclusivas, colaborativas y de confianza
Jerárquica, gestión estricta	**Autoridad**	Compartida, autonomía o autogestión

Como se puede apreciar, la mentalidad fija está basada en el juicio ajeno, la incapacidad del cambio y la aceptación de que no se puede aprender nada nuevo. Obviamente, es una barrera tremenda que genera grandes resistencias hacia el aprendizaje. Sin embargo, la mentalidad de crecimiento es creativa, se basa en la perseverancia y la resiliencia, busca la mejora constante y abraza el cambio para mejorar y crecer.

Es muy probable que tengas mentalidad fija en algunos aspectos de tu vida, mientras que en otros la tengas de crecimiento. Suele ser así y viene determinado por tus creencias. Lo importante, y con lo que me gustaría que te quedaras, es que puedes mejorar y aprender en todo lo que te propongas. Puedes tener más o menos talento, pero sin duda en algo puedes progresar. Además, cuanta más experiencia y diversidad en los aprendizajes, mayor facilidad para su asimilación. La práctica forja al maestro. Olvídate de las excusas y de tus creencias limitantes, dedícale tiempo y esfuerzo a aquello en lo que quieres evolucionar. Sé perseverante, ten disciplina y poco a poco llegarán los resultados. Confía en tu capacidad de aprendizaje y adaptación, es mucho más potente de lo que piensas.

¿Para qué aprendemos?

A priori, aprendemos por dos motivos: necesidad o inquietud. Siempre es más interesante aprender por inquietud, pero normalmente la necesidad genera un impulso más potente, ya que "hay que demostrar a la sociedad que somos válidos". Si aprendes por inquietudes la voluntad es propia, mientras que, si lo haces por necesidad, la motivación suele ser principalmente externa. Por desgracia, muchísimas personas abandonan completamente sus inquietudes por falta de tiempo o por no priorizarlas suficientemente. En mi opinión, cuando se dejan de lado las inquietudes, muere parte de la esencia individual.

Desatender a los juegos que quiere experimentar el niño interior reduce la creatividad y el interés por cultivarse a uno mismo

Estamos tan acostumbrados a hacer para lo externo, que dejamos de lado las auténticas pasiones. Las obligaciones personales y laborales suelen requerir mucho tiempo, y en ocasiones no permiten dedicar momentos a otras actividades. No hay que engañarse, hay que hacerlo, ya que forma parte de la responsabilidad individual. De todas formas, no olvides que con tiempo y dedicación una ilusión puede hacerse realidad e incluso llegar a vivir de ella profesionalmente. Si la abandonas, no te permites la posibilidad de conseguirlo. Independientemente de lo que consigas con el aprendizaje, nunca sobra, siempre va a aportar algo a tu vida.

¿De qué formas puedes potenciar tu aprendizaje?

Para mí, la fórmula es la siguiente:

1. **Ancla la emoción**

Imagínate que ya lo tienes ¿Cómo te sientes? ¿Qué emociones recorren todo tu cuerpo? Ancla la emoción con un gesto o una frase para impulsarte a conseguirlo.

2. **Aprende los fundamentos básicos**

Libros, clases, grupos de nicho, mentores, estudio, investigación...todo lo que pueda aportarte el conocimiento que quieres aprender.

3. Experimenta al máximo

Aplica todo lo aprendido dentro de tus capacidades, ya que el conocimiento que no se utiliza se pierde. Piensa en cómo puedes exponerte diariamente a los aprendizajes y ponte a prueba.

4. Integra el conocimiento de una forma personalizada

Es interesante que integres el conocimiento adquirido a tu manera, que encuentres la forma de expresar lo que sabes de forma única. Jugadores de baloncesto hay muchos, Michael Jordan sólo hay uno.

Un estilo de vida consciente genera preguntas que necesitan encontrar respuestas. Por lo tanto, una vida consciente requiere de un aprendizaje constante

2.3 Ideas

Ahora te toca ser protagonista. Las ideas son tus creencias, los pilares sobre los que construyes tu propia realidad. A su vez, las influencias, emociones y aprendizajes experimentados definen como percibes todo lo que te rodea. En consecuencia, no existe ninguna otra persona con tus capacidades. Eres único, con un potencial diferente a los demás, ya que nadie puede comprender el mundo de la misma forma que tú.

La imaginación

Como vimos anteriormente, el ser humano posee la capacidad de manifestar construcciones mentales complejas que no tienen una relación directa con facilitar la supervivencia. Este poder te pertenece y lo puedes utilizar para crear tu propia obra, en la que puedas experimentarte a ti mismo para el fin que armonice contigo. Si quieres, puedes ser el superhéroe de tu película, tu historia. De hecho, no tienes otra opción. La vida de cada persona es una historia única que merece ser apasionante. Si opinas que la tuya no es suficientemente interesante o que no merece ser contada, te equivocas. Infravalorar lo vivido es un menosprecio hacia uno mismo absolutamente injustificado. Responde a estas preguntas para componer el puzle de tu historia.

- ¿Qué ha sucedido en tu vida?
- ¿Cuál es tu momento de mayor dolor o sufrimiento?

- ¿Cuáles son los superpoderes que te han permitido superar los mayores obstáculos?
- ¿Cuál ha sido tu mayor logro? ¿Cómo lo has conseguido?
- ¿Qué aprendizajes has integrado?
- ¿Cuál va a ser la siguiente meta?

Seguro que, al responder las preguntas, has resumido los acontecimientos más relevantes de tu vida. Nunca dejes de escribir y sigue añadiendo contenido, porque siempre tienes la oportunidad de seguir aportando valor a la película.

Vive de forma que merezca la pena contar tus propias historias

Si sientes que has perdido la capacidad imaginar, el poder creador, reconecta con el niño interior que sueña y no tiene límites. Escúchale para conocer lo que está buscando, cómo quiere jugar al juego de la vida y disfrutar de ella plenamente, sin influencias ni controles. En esa dirección está esperando tu mejor historia y, cuando permitas que llegue a ti, podrás contarla con la satisfacción de haberla vivido rebosante de entusiasmo.

Potencia tu creatividad

Para desarrollar la imaginación es clave conectar con la creatividad. El hemisferio derecho del cerebro permite visualizar las ideas como imágenes, respetando la intuición y en un entorno libre, sin reglas, con libertad de colores y música.

Las siguientes estrategias pueden ayudarte a mejorar tu creatividad. Experimenta con ellas sin los límites de la razón y la lógica, no serán necesarias.

Aprende a entrelazar tus conocimientos

Aumentar el conocimiento expande la capacidad de comunicación de las neuronas, facilitando que conceptos que no tienen una relación directa entre sí puedan unirse en contextos interesantes. Un claro ejemplo de cómo una mezcla de conceptos puede generar un invento de repercusión mundial es el origen del pádel.

Un mexicano llamado Enrique Corcuera tuvo la magnífica ocurrencia en la década de los sesenta de añadir una pared opuesta a su pista de frontón, a la vez que colocó una red en el centro y cerró los costados de la pista. La mezcla entre la idea del tenis y el frontón sembró los inicios de un nuevo deporte, que se ha expandido en diferentes países con una gran acogida. Actualmente, el pádel es un deporte consolidado con deportistas profesionales y una gran estructura organizativa.

La unión de diferentes conceptos puede crear maravillas. Por ello es interesante estar predispuesto a aprender continuamente y jugar con conceptos diferentes, ya que incrementa las posibilidades de componer ideas únicas. Es imposible saber qué idea será el origen de tu mejor creación, así que valora los regalos que la imaginación y creatividad exponen en tu mente.

Dale la vuelta a lo preestablecido

¿Te imaginas una libreta con forma de triángulo? ¿Una oficina al aire libre? ¿Una ensalada de diferentes tipos de carne?

Romper las ideas prestablecidas de la sociedad puede ayudar a desarrollar la creatividad. Piensa que casi todo con lo que interaccionas no existía hace algunos años o décadas. Abre tu mente y deja fluir a tu imaginación.

Construye escenarios absurdos

Te invito a quedar con un amigo con mucha imaginación, el típico que tiene ocurrencias sin pies ni cabeza y al que eres incapaz de seguirle el hilo. No tendrás uno mejor para este juego. Simplemente, mezcla conceptos sin sentido. Además de ser divertido y pasar un buen rato, puede nacer magia.

Ejemplo: café, rosa, playa, nubes, tomillo, frío...y cuando consideréis, a ver que se puede construir con ellos.

Quizá, un café helado con unas especias especiales en una taza con forma de nube. El nombre del café puede ser Bora Bora, rememorando las magníficas playas ubicadas en la Polinesia francesa.

¿Te imaginas todo lo que puedes crear con este juego? Te animo a probarlo y a que compartas conmigo tu experiencia.

Inspírate de un entorno potente

El conocimiento es importante, pero la experiencia también lo es. Las personas que ya han recorrido el camino que estás transitando pueden ayudarte a encontrar respuestas, y seguro que alguno de ellos estaría encantado de compartirlas contigo. Respecto a la interacción social, una gran diversidad puede nutrirte de forma excelsa. Las relaciones con personas de diferentes edades, nacionalidades y entornos laborales pueden enriquecer tu percepción, integrando perspectivas que difícilmente llegarían a ti de otra forma.

Vence a tus miedos

El miedo forma parte de todos nosotros, pero hacerte consciente de él puede ayudarnos a entender en qué aspectos de la vida nos coarta. Es subjetivo y, por lo tanto, cada persona es dueña de sus propios miedos. Enfrentarte de cara a los monstruos que has creado es la única forma de romper tus propios límites, ya que no dejan fluir la imaginación ni la intuición. Racionalizar los miedos, comprender su función protectora y aceptarlos sin juicios es un gran primer paso. No niegues tus miedos, pero tampoco dejes que manejen tu vida.

Experimenta todo lo que puedas

Generalmente, las personas tienen muchas inquietudes y actividades que les gustaría experimentar, pero no lo hacen por falta de tiempo, dificultades o simplemente porque no se sienten capaces. Yo pienso que, si algo te llama la atención de verdad, deberías probarlo una vez como mínimo. Nos perdemos muchas cosas por miedo a fallar o hacerlo mal, pero la información se obtiene a través de la experiencia, no antes.

Lo nuevo suele provocar resistencias previas y alegrías inmensas una vez que se han vencido

La creatividad requiere la exposición a nuevas experiencias de forma constante, alimenta al genio que llevas dentro.

Sé tu mejor mentor

Seguir tu intuición, encontrar tus propias respuestas, guiarte por lo que funciona y es fácil. La combinación de recibir y experimentar de forma externa, a la vez que fluyes dejándote llevar por tu instinto es muy potente. Copiar a los mejores ayuda a crecer, pero no olvides que los mejores son únicos. Para que brille tu máximo esplendor, es primordial que seas auténtico y te conviertas en tu mejor mentor.

Cómo manifestar las ideas físicamente

La fórmula para manifestar físicamente las ideas es la siguiente:

Intención + Acción + Soltar = Manifestación

Mucha intención sin acción es frustración

Mucha acción sin intención es ineficacia

Soltar demuestra la confianza de que va a ocurrir

A pesar de que en la mente se pueden construir ideas de forma instantánea, en la realidad se requiere de intención y acción con constancia para que lleguen a manifestarse. Cuanto más difícil sea el objetivo, más intención, acción, disciplina y tiempo necesitará. Por lo tanto, si quieres conseguir lo que te propones, crea un estilo de vida que facilite llegar al lugar que has proyectado.

2.4 Conciencia

Toda la creación es la expresión de la conciencia

Maharishi Mahesh Yogi

La capacidad de experimentar, percibir y sentir, tanto a nivel interno como externo, se debe a la conciencia. El desarrollo de la conciencia individual es fundamental para vivir de forma más presente. Probablemente, en alguna ocasión has sentido la sensación de conectar con el entorno, de percibir la gran mayoría de cosas que suceden alrededor de ti, a la vez que lo integras en tu interior. En ese momento, estás viviendo de forma consciente. Los conceptos de conciencia y consciencia suelen generar confusión. Conciencia es todo lo que existe, dijéramos que es el océano y los individuos somos las gotas; mientras que la consciencia es la capacidad del ser humano de reconocer la realidad circundante y de relacionarse con ella. Más adelante, trataremos el concepto de conciencia con mucho más detenimiento. Te adelanto que todo es conciencia, para que te vayas preparando.

Modo automático-modo consciente

¿Recuerdas alguna fase de tu vida en la que, durante un periodo de tiempo relativamente largo, parece que no sucede nada a la vez que el tiempo pasa volando?

Es muy probable que durante ese periodo estuvieras viviendo en piloto automático, dejándote llevar por la inercia, las obligaciones, o siendo vencido por la procrastinación. Cuando esto sucede, el cerebro funciona en modo ahorro de energía. Quizá pienses que gozas de gran libertad, pero realmente eres esclavo de tus patrones, unos patrones que ni siquiera pones en juicio para analizar si te corresponden, ya que no dedicas tiempo a cuestionarlos.

Cuando se entra en una dinámica en la que los días se repiten sin grandes cambios y el entorno es muy estable, hay que tener cuidado. Es lógico aspirar a una situación así (siempre que sea una rutina agradable) y es perfecto para vivir en calma con las personas que más valoras. No obstante, el cerebro no está recibiendo estímulos que le impulsen a generar cambios o transformaciones. Como consecuencia, la probabilidad de dejar de crecer a nivel individual y abandonar la vida consciente es muy alta. Cada persona tiene derecho a vivir como quiera, pero conviene recordar que una vez se enciende el piloto automático las emociones son las que dirigen la vida.

Vivir conscientemente

Vivir conscientemente forma parte de la naturaleza humana, pero puede resultar extremadamente difícil en nuestro mundo actual. Realmente no hay que hacer nada, simplemente estar presente, contemplar, sentir quietud, vivir el momento, en el ahora. Pero claro, para conseguirlo es necesario controlar la mente y las emociones. Pocas tareas son más complejas y requieren más atención, sobre todo en un entorno con exceso de distracciones e información. Cuando no estamos presentes ni somos conscientes realmente de lo que nos rodea, otorgamos demasiada fuerza a la mente, al ego.

Entre mis libros favoritos está *El poder del ahora*, de Eckhart Tolle. En mi opinión, aporta claves que pueden mejorar la vida de cualquier persona. Una de ellas es abandonar la resistencia a lo que es. Cada vez que evitamos o rechazamos la situación de vida actual, automáticamente generamos resistencias y sufrimiento. Si prestamos excesiva atención a ese sufrimiento podemos incluso llegar a ser adictos al mismo.

Otro aspecto que considero de gran importancia consiste en la perspectiva temporal en la que situamos el foco mental. Los pensamientos en relación al pasado pueden traer sufrimiento al presente, ya que juzgamos constantemente lo que hemos hecho, lo que no hemos llegado a hacer o cómo nos hemos comportado. De igual forma, situarnos en el futuro genera unas expectativas e ilusiones que no pertenecen a la realidad, por lo menos en el presente. No hay nada que sea malo en sí mismo, el pasado aporta aprendizajes, a la vez que visualizar el futuro ayuda a dirigir la vida en una dirección concreta. Sin embargo, el único lugar donde realmente se puede actuar es en el presente. De hecho, no existe nada que no sea el ahora. Siempre es ahora, lo demás son proyecciones mentales subjetivas que normalmente están distorsionadas.

Para vivir desde la consciencia es necesario que prestes atención a lo siguiente:

1. Vivir en el presente
2. Entorno
3. Escuchar tus emociones
4. Aceptar la realidad actual

5. Poner foco en las capacidades actuales

La sensación de vivir conectado en maravillosa y vivir desde la consciencia es un requisito indispensable para ello. Te animo a ponerlo en práctica cada día.

La influencia de nuestras acciones

El planteamiento de los estoicos sobre las acciones me parece muy interesante y quiero compartirlo contigo. Se parte de la base de que sólo se pueden controlar los actos que dependen de uno mismo; lo demás es ajeno a la responsabilidad del individuo. Las acciones controlables se dividen en tres, dependiendo de la influencia generada: buenas, malas e indiferentes.

> *Algunas cosas son buenas, otras malas y otras indiferentes. Lo bueno es la virtud, lo malo lo que se aleja de la virtud. Lo indiferente son cosas como la riqueza, la salud o la reputación. ¿Dónde debes buscar entonces lo bueno y lo malo? En ti, en lo que te pertenece. En lo que no te pertenece no debes usar los términos bueno o malo.*
>
> *Epicteto*

Actuar desde la virtud siempre será lo bueno, ya que en esencia consiste en la búsqueda de producir resultados positivos y todo lo que se aleje de esa voluntad es malo. Por último, aparece lo indiferente, que son factores que no están directamente relacionados con lo positivo ni lo negativo. Por ejemplo, la riqueza, la fama o la salud no siempre son controlables ni se consiguen desde la virtud. Los estoicos diferencian lo preferido de lo no preferido, buscando siempre conseguir lo preferido sin anclar la felicidad a conseguirlo. Es lógico elegir la salud antes que la enfermedad, pero la enfermedad puede aparecer y no justifica que los actos dejen de ser virtuosos.

Como seres conscientes, es necesario tener en cuenta que nuestras acciones producen consecuencias en las personas y el entorno. Actuar desde la virtud, sin generar daños externos ni sufrimiento, es parte de nuestra responsabilidad. En caso contrario, seremos personas instrumentales que sólo actúan en beneficio propio, expandiendo esa forma de vivir a todos los niveles. El ser humano tiene la capacidad de experimentar la vida individual deseada a la vez que estimular a la sociedad hacia la evolución. Podemos ayudarnos a nosotros mismos y al mismo tiempo apoyar a los demás, porque la vida no es un juego de suma 0 en el que si yo gano tú pierdes. Reconocer que la abundancia nos rodea y formamos parte de ella, permite vivir desde el agradecimiento.

2.5 La gestión del estrés

Vivimos en una sociedad estresada; lo cual no me extraña. La sobreinformación, la multitarea y la exposición constante a estímulos, además de la desnaturalización del entorno, sin duda favorecen a ello. A consecuencia de este entramado, la mente no funciona correctamente: demasiada información para procesar en poco espacio de tiempo y, en ocasiones, con una responsabilidad en la toma de decisiones elevada.

Enfocarnos en las acciones urgentes e importantes es fundamental, al igual que evitar distracciones. Evidentemente, la mente funciona mejor cuando está en una sola tarea a pleno rendimiento. No obstante, existe una forma en la que el estrés puede jugar a nuestro favor. El estrés positivo o eustrés puede elevar la productividad, mientras que el distrés influye negativamente sobre ella. En la siguiente tabla puedes observar las características de cada tipo de estrés:

EUSTRÉS	**DISTRÉS**
Aumenta el rendimiento	Disminuye el rendimiento
Actitud mental positiva	Actitud mental negativa
Motivante	Desequilibrio y conflicto
Autodesarrollo	Aumenta la fatiga

Recuerda que todo lo que percibes lo crea tu mente, así que procura que sea lo que necesitas para lograr tus metas

Si se plantean los retos de la vida como pruebas para mejorar y evolucionar, el rendimiento aumentará considerablemente. Por el contrario, cuando se focaliza en las dificultades y obstáculos, la montaña será cada vez más complicada de escalar. Lo ideal es que los retos y las aptitudes estén alineados, pero no es una coyuntura realista en todas las situaciones. Antes o después, aparecen desafíos desconocidos que van a requerir el 100 por ciento de tus capacidades y plena predisposición para ofrecer la mejor versión. Aprovecha estos momentos para ponerte a prueba y demostrar lo que eres capaz de hacer.

Preguntas resumen

- ¿Qué he aprendido nuevo durante el último mes?
- ¿Qué quiero aprender en el futuro? ¿Cómo voy a hacerlo?
- Cuando dejo fluir a mi imaginación, ¿qué ideas llegan a la mente?
- ¿Cómo defino mi actividad mental?
- ¿Qué puedo hacer para vivir de forma más consciente?
- ¿Mis pensamientos me dirigen hacia mi propia autenticidad?

3. Emoción

Toda emoción constituye un impulso que nos moviliza a la acción

Daniel Goleman

Las emociones son la gasolina, el empuje, la fuerza interna que nos acciona. Sus funciones se pueden dividir en:

- Adaptativas: información almacenada en la memoria genética que facilita hacia la supervivencia

- Motivacionales: incitan a buscar el placer y las oportunidades, además de a evitar el dolor, el sufrimiento y los peligros

- Sociales/comunicativas: consisten en generar lazos afectivos en la comunidad. El contacto físico potencia la creación de estas conexiones, sobre todo en los primeros años de vida.

Sin embargo, las emociones tienen dos aspectos que pueden perjudicar la calidad de vida si no se controlan:

- Son inconscientes, generan respuestas de forma automática

- Detectan peligro en situaciones de riesgo mínimo como viajar en avión, por ejemplo.

Origen de las emociones

El sistema límbico, ubicado en el cerebro, es el principal responsable de todas las emociones que sientes durante el día. Estas son las partes más influyentes:

- Hipotálamo: Asegura las funciones vitales del organismo y controla la homeostasis, el equilibrio interno del organismo. Está relacionado con las emociones más básicas para facilitar la supervivencia.

- Amígdala: Recibe las señales del entorno y manda señales al hipotálamo para que ejecute la respuesta. También procesa y almacena las reacciones emocionales, incluidas las que tienen un gran componente afectivo. En consecuencia, también se almacenan los traumas y las heridas emocionales.

- Hipocampo: Tiene la capacidad de modular los núcleos amigdalinos. El hipocampo izquierdo conecta con la memoria de los conceptos, mientras que el derecho está relacionado con la memoria espacial y visual.

Circuito de las emociones

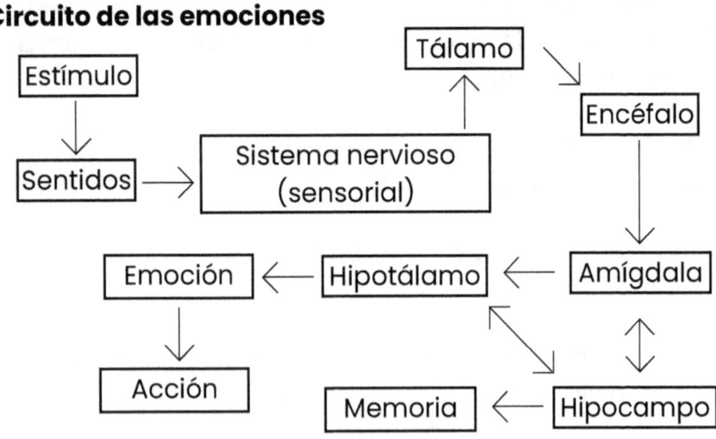

En resumen, la amígdala recibe la información procesada, mientras que el hipocampo modula la respuesta y conecta con la memoria de todas las reacciones emocionales almacenadas. Posteriormente, el hipotálamo genera una respuesta inconsciente que impulsa a la acción. La conexión de las emociones con la memoria facilita asimilar los aprendizajes y optimizar la respuesta a estímulos similares que puedan suceder en el futuro. Es un proceso muy veloz imposible de controlar, tan sólo se puede reaccionar de forma consciente o inconsciente. Por lo tanto, la pregunta sería: ¿Somos dueños de nuestras acciones?

La capacidad de expresar las emociones es el motor de la vida. Sin ellas, ni siquiera nos esforzaríamos en masticar los alimentos. Además, la evolución nos ha regalado el neocórtex, el área del cerebro que permite razonar. A pesar de ser un proceso mucho más lento, es suficientemente sofisticado como para darnos tiempo a controlar los impulsos emocionales. Sin embargo, requiere de mucha más energía, y el cerebro quiere ser rápido y eficaz consumiendo lo mínimo. En definitiva, responder conscientemente a las emociones es posible, pero cuesta más. Ser el dueño de tus propias acciones requiere de una pequeña pausa para analizar lo que está sucediendo alrededor y en tu interior.

El siguiente esquema te ayudará a comprender mejor la diferencia entre una respuesta consciente y una respuesta inconsciente.

Respuesta consciente-respuesta inconsciente

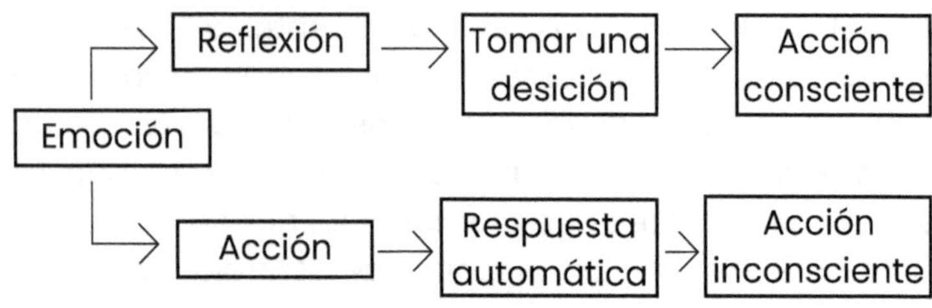

Actuar con coherencia requiere conocer previamente lo que es coherente para ti

Es imposible responder de forma consciente al 100 por cien de las emociones; sin embargo, tienes la capacidad de elegir cuando es necesario reaccionar y cuando reflexionar. Naturalmente requiere de un trabajo previo, pero únicamente eres libre cuando eres capaz de elegir. Las emociones nos ofrecen acciones automáticas que no siempre son las más adecuadas. La reflexión tras la emoción abre el abanico de opciones y permite tomar decisiones más certeras. El autoconocimiento y la coherencia con uno mismo son las guías que ayudan a determinar cuándo esa reflexión es importante.

3.1 Trinidad de la emoción

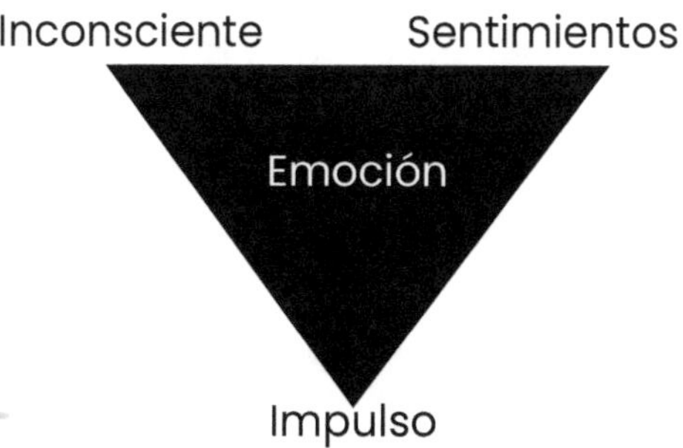

La emoción nace en el inconsciente, donde están almacenados los recuerdos. Cada emoción genera unos sentimientos acordes a las experiencias percibidas. Finalmente, el impulso -la acción dirigida a acercarse al placer o alejarse del dolor-, que se ejecuta tras procesar la emoción. Un programa automático diseñado para facilitar la supervivencia y las adaptaciones al entorno.

3.2 Inconsciente

Hasta que no hagas consciente lo que llevas en tu inconsciente, este último dirigirá tu vida y tú le llamarás destino

Carl Gustav Jung

¿Se puede controlar el inconsciente?

¿Puedes controlar una reacción automática, que además genera una respuesta hormonal en el cuerpo?

¿Puedes permanecer consciente 24 horas al día?

Gracias al inconsciente se pueden automatizar las funciones básicas del cuerpo, como respirar y el pulso del corazón, además de responder rápidamente a estímulos peligrosos como tocar el fuego. Suele suceder con todo lo que es automático o no requiere de esfuerzo, y es que no se valora.

Sin embargo, deberíamos dar gracias al inconsciente cada segundo por permitirnos vivir sin la necesidad de tomar decisiones vitales constantemente. Asimismo, el inconsciente es una herramienta maravillosa para trabajar el autoconocimiento. Gracias a la información que proporciona conectar con las emociones, se pueden comprender los miedos, pasiones, anhelos, traumas o incoherencias, que en muchas ocasiones toman el control de nuestras decisiones.

Conoce y acepta tu propia oscuridad

En el inconsciente también se almacenan las experiencias que han generado sufrimiento en el pasado.

¿Alguna vez te ha alterado percibir un estímulo que evoca una experiencia negativa que has tenido anteriormente?

Seguramente sí. Y en muchas ocasiones ni siquiera se puede recordar el origen de esa emoción negativa, porque perfectamente puede haberse originado durante la infancia. Actualmente, es común negar la emoción negativa. Sin embargo, comprender los conflictos internos que se arrastran de experiencias anteriores es la única forma de sanarlos. Si se sigue el patrón, la vida se convierte en un continuo de experiencias similares manejadas por los hilos de la red inconsciente.

¿Cómo se puede salir del patrón?

Un planteamiento interesante es integrar todas las referencias que aporta el inconsciente desde la aceptación y el agradecimiento. A pesar de que en muchas ocasiones se niegan emociones que no gustan y el juicio empieza a adueñarse del diálogo interno, forma parte de nuestra naturaleza como seres humanos. Es liberador darse cuenta de que es imposible funcionar de forma lógica todo el tiempo. Ayuda a relajarse y enfocarse en mejorar cada día. Lo realmente importante es darle continuidad al desarrollo individual con constancia, nada más.

En el caso de que tu mejor amigo cuente contigo para que le ayudes a solucionar un problema, ¿Cómo le ayudarías?

Seguramente, desde el amor, la aceptación y ayudándole a encontrar el camino para encontrar la mejor solución. Sin embargo, no es habitual ese enfoque en el diálogo interno de las personas.

¿Por qué tratamos mejor a los demás que a nosotros mismos a la hora de solucionar problemas o conflictos?

Demasiada exigencia no aporta beneficios ni soluciones. Al contrario, genera bloqueos que pueden alargarse durante el tiempo si no se afrontan con claridad y valentía. En el caso de que no experimentes las transformaciones que deseas con el tiempo, es obvio que estás a merced de tus patrones inconscientes. La única solución es comprender ese patrón, su origen y las emociones que te impulsan a seguirlo. Si después de la reflexión sigues queriendo que el patrón deje de formar parte de tu vida, necesitas cambios que aporten inspiración. Obviamente, depende mucho de las circunstancias específicas, pero lo que quiero que tengas claro es que nunca abandonarás un patrón sin generar algún cambio interno o de punto de vista. El inconsciente no es un enemigo, simplemente desarrolla su función. Además, puede jugar a nuestro favor cuando los patrones que nos dirigen se aproximan a lo que queremos. La aceptación y la voluntad de trascender las costumbres que impiden evolucionar en la vida es el primer paso.

3.3 Sentimientos

Cuanto más abiertos estemos a nuestros propios sentimientos, mejor podremos leer los de los demás

Daniel Goleman

Los sentimientos se originan tras el procesamiento inconsciente de la información percibida. Para comprender su subjetividad, quiero recordarte un fragmento de la famosa historia de *El principito*, que seguro puedes relacionar con algún aspecto o persona importante de tu vida.

Cuando *El principito* conoce a la rosa en su planeta, comienza una relación, crea un lazo, una conexión. Ella le dijo que era la única de su especie en el universo, pero para sorpresa del personaje, en sus viajes encontró un jardín de 5.000 rosas. *El Principito* se sintió engañado por la rosa, ya que obviamente no era tan excepcional como le había hecho creer. No obstante, a pesar de estar rodeado de 5.000 rosas que parecían iguales, sentía la tristeza y la melancolía de estar lejos de la rosa que había cuidado con amor y dedicación. La evocación de "su rosa" le conectó con experiencias y sentimientos muy intensos del pasado. A pesar de estar rodeado de rosas, *El Principito* echaba de menos la rosa que es única y especial para él, sintiendo soledad dentro de la abundancia.

¿Lo puedes relacionar con algún aspecto de tu vida?

Los momentos únicos, las experiencias pico, son capaces de anclar emociones positivas muy potentes a los elementos del entorno que ayuden a recordar ese instante. Sucede lo mismo cuando evocamos las circunstancias más dolorosas, evidentemente anclando emociones negativas o de rechazo. Por lo tanto, la percepción del entorno es completamente subjetiva, dependiendo de las experiencias y aprendizajes del pasado. Por ejemplo, la ciudad de París puede ser el templo del amor para una pareja que viaja allí anualmente a encender intensamente el fuego de su relación, a la vez que puede ser la ciudad del terror para un superviviente del atentado terrorista de la sala Bataclan. Por lo tanto:

¿Es lógico prejuzgar cuando cada persona percibe el mundo de forma subjetiva?

En mi opinión, la comprensión de que cada juicio generado nace desde la propia percepción revela la necesidad de desarrollar la inteligencia emocional. La capacidad de empatizar con una persona depende en gran medida de la apertura y voluntad de entender lo que comunica, por encima del mensaje literal que te pueda transmitir oralmente. Cada gesto, expresión y mirada ofrece información que puedes detectar o no. El foco de la atención y la inteligencia emocional determinan parte de lo que recibes de cada interacción social. Es difícil situarse en el lugar de otra persona; no se sabe lo que está viviendo a nivel interno y, en ocasiones, puede ser un tormento que está tratando de ocultar con mucho esfuerzo. Los prejuicios son una barrera que dificultan comprender el mensaje que se está recibiendo en el momento presente, ya que la tendencia siempre será anclarse al mismo prejuicio. Al contrario, escuchando sin filtros y percibiendo el lenguaje corporal durante una conversación, serás capaz de conectar sinceramente con la persona que tienes frente a ti.

Integración y aprendizaje de las emociones

A pesar de algunas emociones están señaladas como negativas, tóxicas o que hay que evitar mostrar, todas tienen su función. Sentir tristeza ayuda a integrar un aprendizaje; el odio puede alejar de lo que perjudica; la soledad guía hacia el ser, y una infinidad de ejemplos más. Escuchar a las emociones y darles un significado también permite avanzar, dejar atrás, soltar lo que ya no se necesita. Además, recibes un regalo extra. Al ser capaz de expresar las emociones propias, se aprende a comprender las emociones ajenas. La inteligencia emocional otorga el poder de conectar y sentir intensamente lo que expresa la persona con la que te comunicas, facilita la interacción y la comprensión mutua.

Las emociones recuerdan constantemente experiencias y sentimientos del pasado. Tienen una función evolutiva, pero también causan heridas, traumas, depresiones, que en ocasiones no dejan avanzar. Se suele decir que el tiempo lo cura todo, pero no estoy de acuerdo. Si no se integra el aprendizaje que aporta la emoción y se deja ir, nunca va a remitir su intensidad. Ese sufrimiento puede ser una tortura que acompañe toda la vida. Si quieres avanzar, tienes que dejar espacio a las emociones y sentimientos que te impulsan de forma positiva. Bailar, reír, cantar, compartir, aprender; la exposición a personas, actividades y lugares que te hacen sentir alegría y paz son un tesoro que deberías abrazar siempre que te sea posible.

El rechazo siempre aumenta las resistencias; la negación de las emociones dolorosas les otorga fuerza, las atrae con más intensidad. David Hawkings, referente en el estudio de la conciencia, nos cuenta que si deseamos algo con mucha energía atraemos el sentimiento de ausencia, de que no lo tenemos. Por ejemplo, si quieres superar una ruptura de pareja o el fallecimiento de un ser querido negando la emoción que origina, a su vez estás evitando aceptar la situación, atrayendo más sufrimiento, abriendo y profundizando en la herida. Para soltar el sufrimiento de situaciones tan dolorosas, te recomienda sentirlas y aceptarlas con plena atención, a máxima intensidad. Poco a poco, la aflicción y la fuerza de la emoción se irán reduciendo. Es tan incómodo como necesario. Deja ir lo que ya no es, ve en busca de lo nuevo, lo bueno que está por venir. Cada persona tiene un proceso diferente para superar sus heridas, pero independientemente de la velocidad, es imposible que el estancamiento ayude a avanzar cuando perdura demasiado en el tiempo.

Atrae la belleza de tu pasado

¿Cuáles han sido los mejores momentos de tu vida?

Esos días en los que te sientes invencible, las sincronicidades son una constante y la energía es prácticamente ilimitada. No se habla mucho de ello, pero la aptitud de recordar los momentos más felices de tu vida puede favorecer mucho a tu empoderamiento. Simplemente cerrar los ojos, recordar un lugar que te hace feliz, separar los brazos, respirar profundo y tomar conciencia del aire que entra en tus pulmones cambia el estado al instante. La situación actual y el entorno influyen; es absurdo negar eso, pero la percepción de lo que sucede a tu alrededor y de cómo te sientes depende exclusivamente de ti. Deja que la felicidad de tus mejores momentos brille en tu vida, dale protagonismo y constancia. Atraemos lo que somos, por lo que conviene pensar y actuar en coherencia con cómo queremos vivir.

3.4 Impulso

El impulso creador de la vida es la fuerza más poderosa del universo

Deepak Chopra

¿En qué momentos has sentido una fuerza imparable dentro de ti? ¿Qué emoción te impulsaba? ¿Para qué lo hacías?

Cuando conectas con tu esencia, con el impulso que lleva tu rendimiento a otro nivel y con la meta que quieres alcanzar, eres imparable. El objetivo no es tan determinante; quizás estás en un momento en el que tu desarrollo personal es lo más importante, o vas a tener un hijo y deseas con todas tus fuerzas crear el entorno adecuado para que crezca de una forma conveniente.

Independientemente del fin, siempre existe una emoción que te dirige a conseguirlo. Los "botones reptilianos" explican las emociones que se busca sentir, normalmente de forma inconsciente, y que generan autodesarrollo y satisfacción personal. Todo lo que hacemos tiene relación con alguno de estos "botones", ya que tienen una fuerte relación con el instinto básico del ser humano. La idea es ayudarte a hacer conscientes las emociones que te originan felicidad y plenitud.

¿Cuáles son los que más te impulsan? Ordénalos en la tabla vacía según la importancia que tienen para ti.

BOTONES REPTILIANOS	**ORDEN DE IMPORTANCIA**
1. **Dominación**	1.
2. **Control**	2.
3. **Reconocimiento**	3.
4. **Exploración**	4.
5. **Libertad**	5.
6. **Placer**	6.
7. **Pertenencia**	7.
8. **Logro**	8.
9. **Seguridad**	9.
10. **Trascendencia**	10.

Ahora, te propongo lo siguiente. Para averiguar el lazo existente entre tu objetivo, los botones reptilianos y los sentimientos que te genera conseguirlo, puedes utilizar esta secuencia:

Quiero (objetivo) para (botones reptilianos relacionados). Imaginar conseguirlo me hace sentir (sentimientos asociados)

Ejemplo: Quiero ser autónomo para alcanzar la libertad y el control de mi tiempo. Imaginar conseguirlo me hace sentir feliz, alegre, realizado y en paz.

Ancla los sentimientos de tu logro

Una vez has definido tu objetivo, crea un anclaje imaginando que ya lo has conseguido. Puede ser cantar una canción, un gesto, una frase, lo que más energía te aporte. Es fundamental que construyas en tu mente la meta alcanzada y que experimentes los sentimientos asociados a su logro. Al haberlo creado en tu mente, ya existe. Ahora, simplemente debes manifestarlo. Cada día es una oportunidad para que la realidad y tu idealidad se aproximen, hasta que ambas sean lo mismo.

¿Cambias o te transformas?

Lo único que permanece constante es el cambio

Heráclito

La vida fluye, como el agua en un río que avanza hasta llegar al océano. Si se estanca, deja de recibir y dar información, acumulando suciedad, perdiendo su pureza. Se vuelve verdosa, densa, los virus y bacterias comienzan a habitarla hasta que deja de ser potable y aumenta su contaminación.

El ser humano no es diferente; de hecho, alrededor de un 60% de nuestro cuerpo es agua. La naturaleza nos guía a fluir en la vida, pero en ocasiones acabamos en un pozo y dejamos de evolucionar. Los momentos de tristeza, depresión, soledad; la ausencia de ilusión, alegría o el exceso de monotonía pueden provocar un estancamiento. No obstante, aparece una gran oportunidad. En función de cómo experimentamos los momentos difíciles, cambiamos o nos transformamos. Viviendo desde la inconsciencia, el entorno cambiará y todo de adaptará a lo que ha ocurrido, pero sin integrar el aprendizaje. La huida del conflicto lo esquiva, pero la persona sigue siendo la misma. Es muy probable que otro conflicto exactamente igual o más intenso aparezca tarde o temprano.

Espero que este ejemplo te ayude a comprender lo que sucede cuando se vive de forma inconsciente el estancamiento:

> *Manuel ha perdido el trabajo porque no ha conseguido los resultados esperados. En respuesta, se ha enfadado y ha criticado de forma grosera a su jefe. Sin duda, es una situación dura e incómoda que puede costar gestionar, pero a su vez está esquivando parte de su responsabilidad. Tras un mes de búsqueda, comienza en otro puesto de trabajo similar. Todo se desarrolla con normalidad hasta que comienza a recibir críticas por un rendimiento insuficiente. Manuel está dentro de un bucle de frustración porque no se transforma, simplemente se adapta a los cambios que aparecen en su vida. Siempre sucede lo mismo, únicamente cambia el contexto. Hasta el momento, no ha sido capaz de integrar el aprendizaje que le ayude a trascender las barreras que aparecen en su mundo laboral.*

La otra opción es experimentar el aprendizaje desde la consciencia. La investigación del origen del patrón es un proceso complejo, pero necesario para avanzar hacia nuevos retos. Probablemente será más exigente y requiera más dedicación, pero las probabilidades de una transformación personal son mucho más elevadas. Recuerda que es necesario ser más grande que el problema para superar el desafío que plantea.

Ahora, Manuel va a afrontar su problema de forma consciente. Veamos que sucede:

> *Manuel, tras su despido, comienza a indagar en lo que ha sucedido. Reflexionando, se da cuenta de que no ha rendido bien porque no le gustaba demasiado el trabajo. Después de dedicar un tiempo a la investigación y la experimentación de diferentes posibilidades, ha averiguado en lo que realmente tendría un gran rendimiento. La formación específica relacionada con su pasión ha pasado a ser su principal prioridad, mientras trabaja para costear su vida con buena actitud. Manuel ha necesitado un año de dedicación, pero ahora ha encontrado un trabajo que le apasiona relacionado con sus mayores virtudes, se ha transformado, ha evolucionado y su coherencia es infinitamente mayor. Ahora, Manuel se siente feliz la mayoría de los días y es fiel a sí mismo.*

3.5 Aprende a fluir con tus emociones

Conectar el impulso emocional con las virtudes personales facilita la autorrealización durante la vida

No existen enemigos dentro de nosotros mismos, tan sólo herramientas que no sabemos utilizar correctamente. Las emociones no son una excepción. Recapitulando los conceptos explicados anteriormente, podemos concluir lo siguiente:

- No es posible controlar las emociones al 100 por cien.
- El inconsciente crea patrones que es necesario comprender para conocer si forman parte de uno mismo o se quieren trascender.
- La aceptación de las propias emociones e integrar su aprendizaje es un proceso necesario para desarrollar la inteligencia emocional.
- Los sentimientos son subjetivos y cada persona percibe el mundo de forma diferente. Se puede aprender de cualquier persona siempre que la comunicación sea libre de prejuicios
- A mayor inteligencia emocional, mayores capacidades para relacionarnos y empatizar con otras personas.

- Todas las personas han experimentado alegría y sufrimiento en su vida. Es responsabilidad de cada uno anclar la felicidad o el dolor como hábito, es una decisión personal.

- Conoce lo que te impulsa hacia un alto rendimiento en todos los aspectos de la vida.

Recuerda que todas las acciones preceden de una emoción. Si no fuera así, prácticamente ninguna persona comería bollería o fumaría. A pesar de que es sobradamente conocido que perjudica la salud, la emoción vinculada al estímulo ancla un sentimiento placentero, fortaleciendo el hábito.

Entonces, ¿cómo consigo que las emociones jueguen a mi favor?

Espero que los siguientes pasos te ayuden a conseguirlo.

Fase 1: Define lo que eres

Define lo que te impulsa, los botones reptilianos que son más importantes para ti.

Define el momento más feliz de tu vida, crea un anclaje con algún gesto o palabra. Atrae esos sentimientos a diario.

Define la persona que eres y lo que sientes que realmente no forma parte de ti.

Fase 2: Acepta lo que eres

Acepta que no puedes controlar tus emociones. Deja que fluyan y asimila su aprendizaje.

Comprende el origen de tus emociones. ¿A qué patrones o experiencias están vinculadas?

Analiza los patrones que guían tu vida. ¿Son para ti?

Fase 3: Expresa lo que eres

Deja espacio a una pausa reflexiva entre la emoción y la acción en decisiones importantes.

Abandona el control y fluye aceptando lo que trae la vida para ti.

Compromiso total y constancia con la autorresponsabilidad y el desarrollo personal.

Vas a fallar mil y una veces, requiere dedicación transformar el estado emocional habitual y transcender lo que dificulta el camino. Pero recuerda, la vida te expone a los aprendizajes que te ayudan a mejorar. Utiliza todos los recursos disponibles y apoya a los demás en sus respectivos caminos. La vida regala momentos increíbles cuando menos lo esperas, prepararse para recibirlos y estar atento a las oportunidades depende de ti.

Preguntas resumen

- ¿En qué aspectos de tu vida quieres aportar más consciencia a tu vida?
- Escribe las cinco cosas que te generan más placer.
- Escribe las cinco cosas que te generan más sufrimiento.
- Anota las emociones que has sentido durante un día. Reflexiona sobre ellas y su origen.
- Define las emociones que te gustaría sentir cada día.
- Pregunta a tres personas cercanas, que te conozcan bien, acerca de tus fortalezas y debilidades. Te ayudará a saber lo que reflejas sobre ti mismo en los demás.

4. Ser espiritual

Cada momento que no sigues a tu guía interna, sientes pérdida de energía, pérdida de poder, una sensación de pérdida espiritual

Shakti Gawain

Ha llegado el momento de desarrollar la capa más profunda del ser individual. La verdadera identidad, la autenticidad, la luz que destruye todas las máscaras y revela quién eres. El plano más sutil y a su vez el único real, pues es eterno.

Independientemente de que seas una persona más o menos espiritual, conectar con tu verdadera esencia es clave para una vida plena y, por ello, quiero compartir contigo este contenido. Sólo te pido, querido lector, que leas este capítulo desnudo, sin juicios, atento a la información que pueda ayudarte a mejorar tu comprensión sobre la espiritualidad. Después, té recomiendo sacar las conclusiones que sean más beneficiosas para ti.

¿Qué es el ser?

El Ser, la Conciencia Pura, es todo lo que hay. Es eterno, inmaterial, la singularidad última, y forma parte de todo lo que es manifestado.

Ser es estar aquí y ahora. Todos somos un único ser expresándose de diferentes formas, experimentando distintos aprendizajes. Lo único que es permanente es el ser, ya que si no eres no puedes existir. Por lo tanto, tu esencia individual es tu cualidad de ser.

Ahora, ¿qué hacemos para describir las cosas que no comprendemos? No tenemos la capacidad de conocerlo todo, por lo menos mediante los medios de los que disponemos actualmente.

¿Qué es esa inteligencia superior, qué guía todos los procesos de la vida y qué funciona de forma sutil aprovechando cada gota de energía?

En función de tus creencias lo llamarás de una forma diferente, pero es indudable que una pequeña porción de esa inteligencia vive dentro de cada uno de nosotros.

Percibo la maravillosa estructura del mundo existente y con un decidido esfuerzo intento comprender una porción, aunque sea muy pequeña, de la Inteligencia Superior que se manifiesta a sí misma en la naturaleza

Albert Einstein

Conectar con la esencia, la que nos une con cada persona y cada elemento de la naturaleza, es el camino para vivir de forma consciente y aceptar como es el mundo, no como me gustaría que fuera. Para hacerlo, simplemente debes escucharte, vivir, dejando de lado las presiones externas que nos empujan hacia la inconsciencia. No es casualidad que el cuerpo y la mente sanen cuando conectas y permaneces presente en un entorno natural. La división y las resistencias generan sufrimiento; la unión y la aceptación producen felicidad.

Racional-Espiritual

¿Eres una persona racional o espiritual? En realidad, son diferentes formas de explicar lo mismo. Lo que es luz para la física es divino para la espiritualidad. Y así sucede con todos los conceptos relacionados con la explicación de la existencia. No tiene demasiado sentido rechazar uno u otro, simplemente hay personas más mentales que se sentirán más cómodas con explicaciones científicas mientras que otras prefieren escuchar conceptos más relacionados con la divinidad o con Dios.

Obviamente, nos queda mucho por aprender. Conocemos una ínfima parte del universo, a la vez que hay muchos procesos que aún nos cuesta explicar o encontrarles significado. Por el momento lo único que podemos hacer es continuar integrando aprendizajes, cultivándonos diariamente y mejorar como sociedad.

4.1 Trinidad del Ser Espiritual

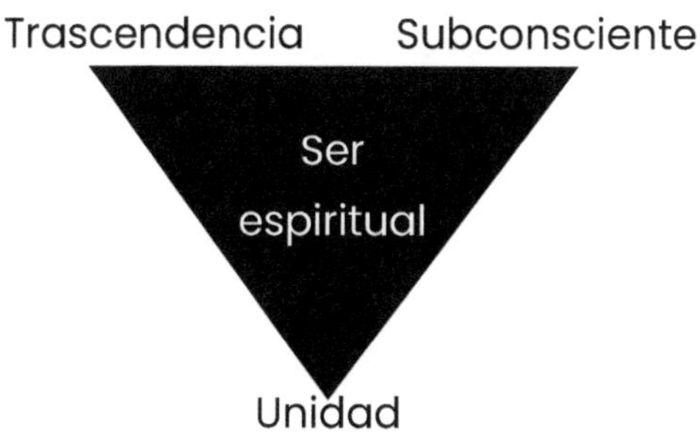

¿Cómo puedo aplicar en mi vida diaria el concepto de ser?

¿Cómo puedo mejorar la comprensión sobre mi esencia individual?

A pesar de que a día de hoy vivimos en un mundo complejo, con constantes cambios y conflictos, en realidad existen fundamentos que permanecen constantes. Comprenderlos es una guía que facilita la vida, permitiéndonos enfocarnos en lo importante, dejando de lado lo que no lo es. La asimilación de los conceptos de trascendencia, subconsciente y unidad te servirán de ayuda para que vivas de una forma conectada y consciente.

4.2 Trascendencia

Lo importante es esto: poder, en cualquier momento, sacrificar lo que somos, por lo que podríamos llegar a ser

Maharishi Mahesh Yogi

¿Qué es trascender?

En el estado de vigilia, la mente consciente funciona en un nivel superficial prestando atención a los estímulos que llegan desde fuera. Trascender significa *"ir más allá"*, dirigir a la mente a su capa más profunda conectada con la fuente del pensamiento, el potencial interno total, la Conciencia Pura. En este estado se está libre de control mental, los pensamientos surgen desde la calma y la quietud facilitando que la mente se dirija naturalmente hacia un estado de felicidad.

En el libro *Excellence through Mind-Brain Development: The Secrets of World-Class Performers*, se describen muchas experiencias de trascendencia, o experiencias pico. En este ejemplo puedes apreciar como un gerente de alto nivel experimenta, de forma intuitiva, este estado de trascendencia de la mente:

Una sensación de que los pensamientos flotan, de que encuentran su camino y los dejo flotar. En semejantes situaciones surgen soluciones o alternativas que no he pensado anteriormente. También han aparecido "señales de advertencia" en tales situaciones, advertencias que luego han demostrado ser muy correctas.

En muchas ocasiones se piensa que para llegar a la solución de un problema es necesario razonarlo hasta el extremo. Sin embargo, en ocasiones la solución llega cuando se deja de prestar atención al problema.

La mente es una herramienta muy potente, pero no puede ir más allá de su propia capacidad. Cuando no eres capaz de encontrar respuestas razonando, abandona el control y permítete trascender tu propia mente. De esta forma, podrás conseguir información desde un punto de vista diferente y plantear soluciones a tu problema.

Fundamentos universales

Los fundamentos universales suceden cada segundo, a todas horas, durante toda nuestra existencia. Son los siguientes:

Expresión:

Consiste en todo lo que sucede alrededor y lo que se expresa de forma individual. Podría resumirse en percepción, pensamientos y acciones.

Experimentación:

La comprensión de la expresión. Las herramientas físicas, mentales y emocionales que utilizamos para entender lo que sucede y crear ideas y conceptos, a la vez que interactuamos con ellos.

Integración:

Unir, darle forma y coherencia a toda la información que se recibe de la expresión y la experimentación, además de otorgarle un significado comprendiendo lo que sucede.

Trascendencia:

Subir de nivel. Una vez que se ha integrado la expresión y la experimentación, el conocimiento ya forma parte del individuo. El crecimiento consiste en la evolución continua a través de cada expresión, experimentación e integración.

Interacción de los fundamentos universales

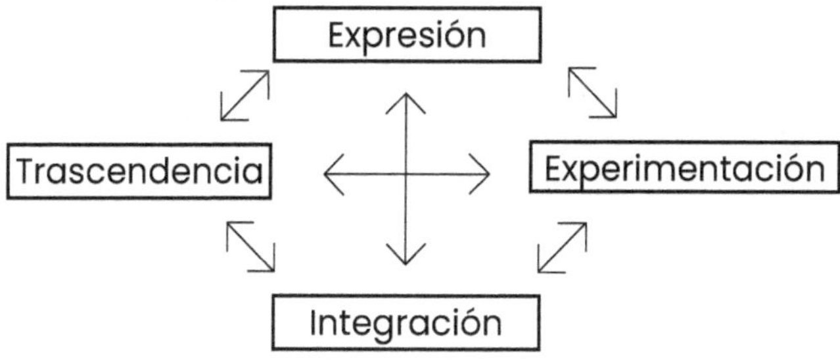

Matías De Stefano, 2021

El concepto de trascendencia es el mismo que antes, "ir más allá", pero en este contexto está más enfocado a un conocimiento o habilidad, no a la propia mente del individuo.

No es un sistema circular ni cerrado, todo sucede a la vez en constante interacción. Cada uno de los fundamentos universales activa a los otros tres.

La importancia de la integración

Los cuatro fundamentos requieren la misma atención, son igual de importantes. Pero quiero destacar un aspecto de la integración que en muchas ocasiones pasamos por alto.

Los aprendizajes que no se integran vuelven a aparecer

Te suena la frase de que el ser humano es el único animal que tropieza dos veces con la misma piedra, ¿verdad?

Bueno, pueden ser dos, tres, cuatro, o infinitas piedras. Sin integración, no hay aprendizaje. Y las leyes naturales tienden a la progresión constante, a nunca dejar de evolucionar. Por lo tanto, se te presentará la misma prueba hasta que seas capaz de integrarla, infinitas veces, de diferentes formas. Consecuentemente, es preferible estar atento a lo que sucede en la vida y no ofrecer resistencias a los retos que se presentan. Por complicado que pueda parecer, es preferible afrontar el obstáculo y transcenderlo antes que experimentar la frustración de que aparezca continuamente.

La Meditación Trascendental

La meditación es una de las técnicas más potentes que existen actualmente para crear coherencia cerebral, disminuir la separación entre la mente-ser espiritual y facilitar la armonía. A día de hoy, la mente es muy protagonista en la sociedad. La exposición constante a una elevada cantidad de estímulos y obligaciones requiere de razonamientos y toma de decisiones, en ocasiones de elevada complejidad. Reducir su actividad mediante la meditación permite prestarle atención durante unos minutos a la parte más espiritual del ser, la que guía mediante el instinto. Si nunca le prestas atención, lo normal es que te pierdas en caminos que no son para ti.

La Meditación Trascendental es una técnica que podemos disfrutar gracias a Maharishi Mahesh Yogi, quien comenzó a expandirla en el mundo a finales de los años ´50. Su práctica permite experimentar la Conciencia Pura de forma regular, liberando estrés y conectando con la fuente del pensamiento, desde donde brota la inteligencia creativa. A diferencia de otros tipos de meditación, la Meditación Trascendental no requiere de ningún tipo de esfuerzo ni audioguía.

Sus características son las siguientes:

- Es simple, natural y sin esfuerzo
- Fácil de aprender
- Placentera
- Se practica sentado cómodamente, con los ojos cerrados durante 15-20 minutos, dos veces al día

En mi caso personal, comenzar a practicar la Meditación Trascendental fue un antes y un después. Me ha ayudado a ser consciente de las cosas que me estaban perjudicando y a establecer un estado de calma y serenidad en mi mente.

4.3 Subconsciente

El subconsciente murmura sin cesar y es por escuchar estos murmullos que uno escucha la verdad

Gaston Bachelard

El subconsciente es todo lo que no se ve, inmaterial; la capa más profunda de la existencia que conecta todo lo que existe. La comprensión del subconsciente es compleja, ya que no se puede percibir ni explicar lógicamente, es sutil. Espero que, visualizando las diferentes perspectivas de la conciencia, tengas la capacidad de situar al subconsciente en su lugar.

Cada persona posee una consciencia e inconsciencia individual. La consciencia permite percibir y analizar, mientras que la inconsciencia influye de forma automática, impulsiva, en respuesta a los estímulos externos e internos. Como hemos visto anteriormente, la mayor parte de nuestra mente es inconsciente. La conciencia existente alrededor de cada individuo también se divide en dos: el supra consciente y el subconsciente.

El supra consciente trae orden a nuestra vida, masticando la información que recibimos para que el consciente la pueda analizar correctamente. Consiste en todo lo que percibimos del exterior, lo que se puede ver y tocar. Por ejemplo, el aire que respiramos permite vivir y regular las funciones del cuerpo correctamente.

Por otra parte, el subconsciente es todo lo que rodea al inconsciente, lo no se puede ver, que está oculto en lo profundo. Imagina un lugar donde va a parar toda la información que se origina en el universo, un océano lleno de datos que actúa sutilmente en cada inconsciente y lo conecta todo. Existen grandes tesoros en el subconsciente, pero es tan denso que no es fácil acceder a su información. Para ello, es necesario romper los límites, expandir la imaginación, soñar despierto.

Son conceptos abstractos que no hemos sido educados para entender y que requieren de altos niveles de conciencia. Independientemente de esta circunstancia, pienso que ayudan a aumentar la consciencia de las fuerzas que actúan sobre nosotros y que somos incapaces de percibir o controlar. El esquema del iceberg expone perfectamente las diferentes perspectivas de la conciencia.

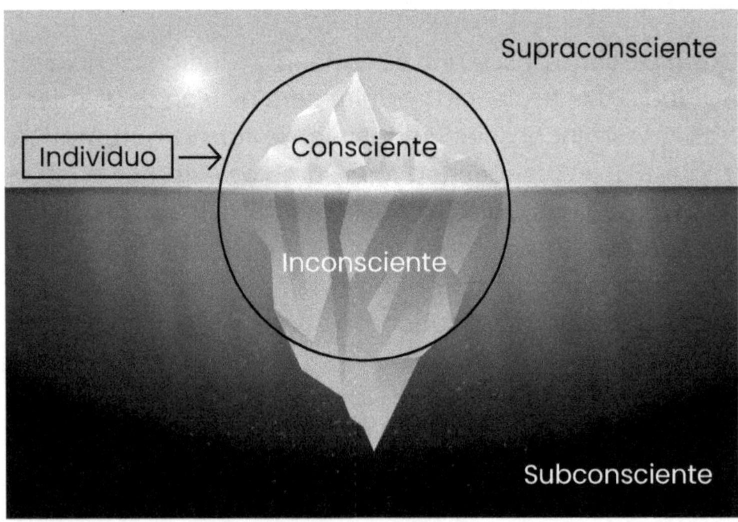

(La imagen ha sido diseñada usando contenido de Freepik.com)

4.4 Unidad

El universo, ya es una unidad armoniosa; toma simplemente conciencia de ello

Lao-Tsé

El universo es un único ser, la misma palabra lo define.

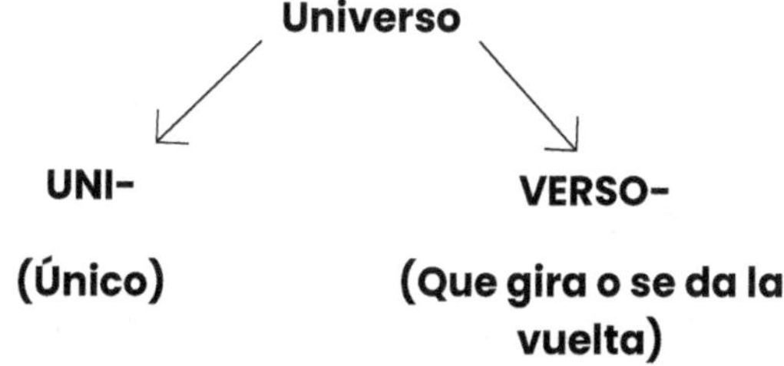

Por lo tanto, todo lo que forma parte del universo pertenece al mismo ser, que busca "darse la vuelta", experimentándose a sí mismo para volver a su origen. Entonces, ¿por qué existen diferentes cosas? ¿Qué función tiene cada estrella, planeta y ser humano?

Desde luego, sería muy presuntuoso por mi parte responder a esta pregunta como si tuviera la verdad absoluta, pero si me dejas compartir mi opinión, sería la siguiente: Vivir, existir, experimentar, afrontar los aprendizajes que se quiere integrar y evolucionar

Es tan sencillo que nos molesta, ya que la mente siempre va a buscar un significado mayor o expresar su identidad separada de forma más intensa. Sin embargo, liberarse de la presión de satisfacer a la mente constantemente permite vivir en paz con uno mismo. Ahora, si el universo es todo lo que existe, ¿por qué se produce dolor, sufrimiento y conflictos a si mismo?

Como ya sabes, la única forma de generar transformaciones es a través de la dualidad, ya que si todo se manifestara de la misma forma sería imposible evolucionar. Por ello, es necesaria la división en diferentes versiones con diferentes capacidades, que permitan expresiones infinitas. Gracias a la dualidad puede existir el bien-mal, la guerra-paz, la abundancia-escasez, o la libertad-esclavitud, siendo los mismos conceptos mostrando diferentes caras. Los conflictos entre diferentes puntos de vista generan emociones positivas y negativas que impulsan a tomar acción y crear lo diferente, lo nuevo.

¿Cómo definimos entonces el funcionamiento del universo?

Quiero presentarte la siguiente teoría basada en la conciencia y las leyes de la naturaleza. Personalmente, me ha ayudado a comprender lo que nos rodea y a simplificar el complejo sistema del universo. Espero que este conocimiento te aporte la claridad necesaria para mejorar la comprensión de este capítulo. Además, si lo consideras necesario puedes profundizar en las lecturas indicadas.

Teoría del Campo Unificado

La conciencia es todo lo que hay y elevar la conciencia es todo lo que se necesita para lograr un cambio o mejora positiva

Dr. Tony Nader

El doctor Tony Nader, en su libro *Un océano ilimitado de la conciencia,* expresa de forma detallada su visión sobre el cosmos. En él explica el concepto de la Conciencia Pura, la esencia de todo lo que existe, el gran campo de conciencia ni físico ni material. La conciencia es un Campo Unificado del cual emergen todas sus manifestaciones; más allá del cerebro y de la individualidad, es ser puro ilimitado, el ser de todo y de todos. Profundizando desde diferentes ámbitos, se puede mejorar la comprensión de la conciencia y la teoría del Campo Unificado.

Roles de la conciencia

La conciencia puede analizarse desde tres roles, que se cumplen en la totalidad de las situaciones:

1. Observador: Observador consciente

2. Observado: La cosa que se está observando

3. Observación: Proceso entre el observador y lo observado

Juan (observador) mira fijamente una vivienda (observado) que le recuerda al lugar donde creció junto a su familia (observación)

Para que Juan sea capaz de percibir la vivienda y vincularla a una experiencia personal, requiere de conciencia. Sin ella, la conexión no sería posible. Este acontecimiento sucede en todos los casos independientemente de los factores. La conciencia nos permite ver y conectarlo todo desde una perspectiva individual.

Lo diferentes estados de conciencia

La realidad es diferente en diferentes estados de conciencia

Maharisi Mahesh Yogi

En cada estado de conciencia la realidad se percibe y se experimenta de una forma diferente. La siguiente tabla los expone y explica sus principales características.

Estado de conciencia	Características
1. Sueño profundo	Descanso profundo
2. Ensoñación	Soñar dormido
3. Vigilia	Estado natural despierto
4. Estado Trascendental	Alerta en descanso. Conexión con la Conciencia Pura.
5. Conciencia cósmica	Conciencia del Ser permanente. Coexistencia entre el silencio interior y el dinamismo exterior
6. Conciencia cósmica glorificada	Percepción de los niveles sutiles de la naturaleza. Utilización espontánea del potencial total de la Ley Natural.
7. Conciencia de unidad	El individuo es capaz de percibir lo que le rodea en términos de totalidad

Analizar cada estado de conciencia es suficiente contenido para un libro completo, pero conocerlos de forma general puede facilitar su comprensión. En función del nivel de conciencia individual, la experiencia y conexión con la Conciencia Pura será diferente. Todas las personas experimentan los tres primeros estados de conciencia diariamente: al dormir, al soñar y al permanecer despierto. El cuarto estado de conciencia se alcanza al trascender el Yo -por ejemplo, mediante la práctica de la Meditación Trascendental- y durante momentos puntuales. Dichos momentos se denominan *experiencias pico*, y la gran mayoría de las personas las han experimentado alguna vez durante su vida. Un paseo por la naturaleza, en el que el tiempo pasa volando y te sientes uno con la misma, o cuando durante una competición deportiva sientes que puedes con todo y rindes a un nivel colosal, son ejemplos de *experiencias pico*.

La Meditación Trascendental es una herramienta maravillosa para experimentar la Conciencia Pura diariamente. Los estados más elevados de conciencia requieren de una experiencia regular de la Conciencia Pura, además de un sistema nervioso libre de estrés.

Esta reflexión de Marco Aurelio nos incita a dejar de buscar la paz y la felicidad en lo externo, ya que todo lo que nos hace falta para sentirnos bien y encontrar respuestas está en nuestro interior.

Los hombres buscan retiros para sí mismos
en lugares campestres, en playas y montañas, y
usted mismo acostumbra a anhelar tales
retiros, pero eso es totalmente no iluminado,
siendo que es posible en cualquier momento
que desee, encontrar un retiro dentro de

usted mismo. Porque en ninguna parte puede un hombre retirarse a una quietud más tranquila que su propia alma

Teoría del Campo Unificado

Soy plenamente consciente de que algunos términos de este capítulo resultan complejos y abstractos, pero mi intención es que los conozcas para que puedas profundizar más si es de tu interés. Espero que el contenido sea suficiente para que puedas comprender la teoría del Campo Unificado y el universo del que todos formamos parte. El siguiente gráfico, del libro *un océano ilimitado de la conciencia,* muestra las diferentes capas de la naturaleza, desde el nivel superficial del mundo físico hasta lo inmaterial, el Campo Unificado de Conciencia Pura.

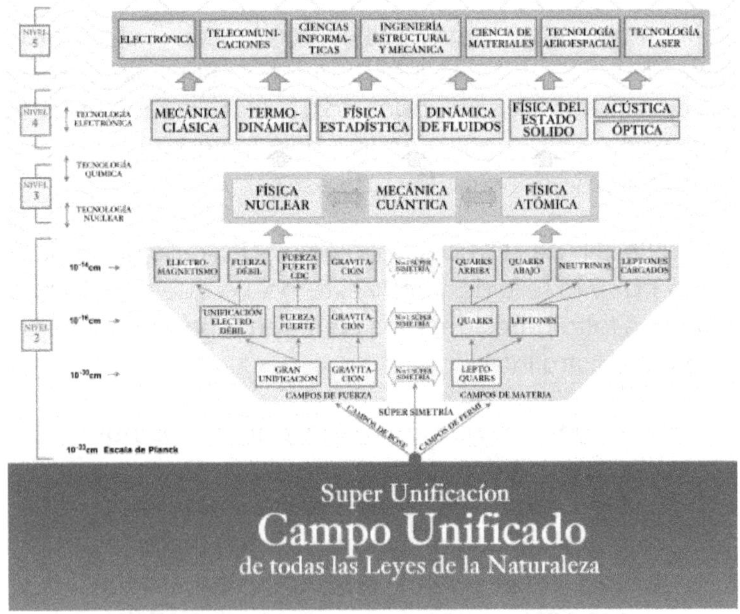

La existencia de un mapa nacido de conceptos físicos que es capaz de unificar todo lo que existe me parece alucinante.

¿Es la verdad absoluta? No tengo la capacidad ni la soberbia para afirmarlo. Sin embargo, la mayoría de textos sagrados nos hablan del concepto de unidad. Este fragmento de la Biblia es un claro ejemplo:

> Porque, así como en un cuerpo hay muchos miembros, y no todos los miembros tienen la misma función, así también nosotros, aunque somos muchos, formamos un solo cuerpo en Cristo, y cada miembro está unido a los demás
>
> (Ro 12:4-5)

Conecta con tu ser espiritual, la Conciencia Pura

El ser espiritual requiere de silencio, quietud y presencia para manifestarse. Estas prácticas pueden ayudarte a que potencies regularmente tu conexión interna para que seas capaz de fluir sin esfuerzo. Como siempre, pruébalas todas y quédate con las que mejor te funcionen.

- Meditar
- Escuchar música
- Escuchar tus emociones y hacerlas conscientes
- Observar la naturaleza
- Evitar estímulos negativos o irritantes
- Esquivar los excesos de información
- Compartir sentimientos y emociones con personas de máxima confianza
- Vivir el presente
- Agradecer el privilegio de vivir

5. Armonía interna

Nuestro auténtico ser siempre está pendiente de nosotros. Nunca nos rechaza, no nos miente, jamás huye. Sin embargo, pocas veces le prestamos la suficiente atención para escucharle con consciencia.

¿Cuántas veces has evitado el contacto contigo mismo?

Siguiendo los valores de nuestra cultura, perseguimos la luz, lo divino, huyendo de la oscuridad. No deja de ser un ejemplo más de la tendencia hacia un extremo que gobierna nuestra sociedad. Sin embargo, es imposible comprender un concepto de forma plena sin la integración de los opuestos. No se puede entender la luz sin abrirse a conocer lo que es la oscuridad. Como consecuencia, perseguimos crear una identidad ficticia basada en lo externo. El ego se convierte en el amo y señor, creando una vida sencilla adaptada a las necesidades del entorno, pero siempre con la insatisfacción de nunca tener suficiente.

Ir hacia dentro es la única forma de conectar con tu verdadera esencia. Nadie ni nada puede guiarte hacia ti, eres la única persona capaz de hacerlo. Recuerda que sólo tú puedes encontrar tu verdadera luz, la que ilumina al mundo de forma única.

Tu ser es la guía hacia tu verdadera identidad

En la antigua Grecia, uno de los aforismos más famosos es:

Conócete a ti mismo

Esta inscripción, situada en el pronaos del templo de Apolo, ciudad de Delfos, expone la necesidad del autoconocimiento para acceder a la sabiduría filosófica.

Conocerse a sí mismo supone el camino del perfeccionamiento, de hacerse mejor y adquirir conocimiento sobre la propia naturaleza y limitaciones, pues no podemos desarrollar nuestra naturaleza si no sabemos cuál es

Platón

El conocimiento de la naturaleza individual de cada persona es primordial si se quiere crear un estilo de vida en concordancia con la misma. El autoconocimiento es el primer paso, el inicio de un viaje de toda una vida que cambia y es constante al mismo tiempo. Rechazar este sendero es una auténtica traición hacia uno mismo, una ausencia de responsabilidad que te deja a merced de las necesidades del entorno. Quizás no sea fácil, cómodo ni agradable, ya que enfrentarse a las sombras de uno mismo es desolador. No obstante, lo nuevo necesita espacio para expandirse y todo lo que no forma parte de tu esencia abarca un área demasiado grande. Si quieres crear ese espacio, saber lo que no es verdad para ti es el primer paso.

La elección es simple:

1. Iniciar el sendero del autoconocimiento para llegar a vivir en coherencia y armonía

2. Huir de ti mismo dejando que las prioridades del entorno guíen tu vida

Eres libre de decidir, pero asume las consecuencias.

Hábitos de evasión como escapes a la realidad

Si reconoces algún hábito al cual dedicas excesivo tiempo cuando experimentas un momento complicado, no hay duda de que estás escapando de la realidad. Suele suceder con el tabaco, alcohol, alimentos procesados, dulces, sexo, juego, o cualquier actividad que realices de forma inconsciente para sentirte mejor. Es un reflejo de rechazo, de no aceptar la vida que vives. Por supuesto, es más sencillo relajar la mente con actividades intrascendentes antes que enfrentarse a uno mismo, pero no esperes que vas a integrar los aprendizajes huyendo de los problemas. Te aseguro que no funciona.

En mi caso personal, he jugado a videojuegos cuando la vida me daba alguna bofetada. Una vez se me pasaba el mal trago volvía a mi actividad habitual, evidentemente aprendiendo poco de la experiencia. Consecuentemente, la bofetada era cada vez más grande. Se puede aprender integrando las experiencias o a base de tortazos. Recuerda que, si no lo aprendes a la primera, la vida te lo presentará constantemente hasta que lo hagas. Hacer conscientes los hábitos de evasión y su origen forma parte del proceso de autoconocimiento. No pasa nada, todos los tenemos; lo importante es asumirlos, ser realistas cuando toman demasiado poder en la vida, comprender porque aparecen y trascenderlos cuando se tenga la capacidad de hacerlo.

Aprovecha las crisis para transformarte

Nosotros generalmente cambiamos por una de dos razones: inspiración o desesperación

Jim Rohn

Antes o después, la crisis llamará a tu puerta. Si abres, prepárate para momentos duros y difíciles que te ayudarán a crecer como persona. Si no abres, rechazas tu propia realidad y evolución. La resistencia siempre es contraria a la esencia. La aceptación es el primer paso para adaptarte y aprender las herramientas que necesitas para vivir en las nuevas circunstancias. Todas las personas experimentan crisis y el planteamiento siempre es el mismo, independientemente de que sean ricas, pobres, bajas, altas, inteligentes o ignorantes.

La desesperación emerge cuando llega un día que no se puede más, dando un golpe en la mesa y pensando: se acabó. En ese momento estamos decididos a no permitir que la existencia siga generando dolor, sufrimiento e insatisfacción. Ha llegado el momento de transformarse, porque nada puede ser peor que permanecer igual.

Naturalmente, las transformaciones por inspiración son mucho más atractivas. Suelen aparecer cuando se conecta intensamente con un mensaje, un proyecto o una voluntad personal más grande que uno mismo. Las ideas maravillosas suelen nacer sin esfuerzo, desde el interior o conociendo a las personas que las presentan. Eso sí, siempre surgen gracias al talento forjado con constancia y disciplina.

Espero que hayas experimentado alguna crisis, porque si no es así probablemente estés abusando de la famosa *zona de confort*. Ser muy temerario e intenso aproxima momentos de crisis, ya que apenas se miden las consecuencias de los actos. Al contrario, el miedo, las dudas y pensar excesivamente en lo que puede pasar genera bloqueos y estancamiento. La seguridad no existe, es una ficción, así que no dejes de hacer lo que quieres probar. Recuerda que únicamente puedes aprender de lo que haces. Adopta el papel de protagonista en la película de tu vida.

La fórmula mágica del autoconocimiento

Soltar › *Silencio* › *Escuchar* › *Intuición* › *Expresar* › *Ser*

Deja espacio a lo nuevo, soltando las creencias y valores que han dominado tu vida y no forman parte de ti. Con total seguridad, algunos de ellos están limitando tu potencial. Es momento de silencio y quietud, de conectar con tu esencia individual. Acalla al ego, deja de intentar controlar tu vida. Ahora, prueba a permitirte escuchar sin juicios tus emociones y sentimientos, dejando que la intuición tome las decisiones y aumentando, a la vez, tu nivel de conciencia. Por fin, ha llegado el momento de expresar la magia de tu autenticidad en la unidad del universo.

LOS SUEÑOS DE IRIA II

La vida de Iria seguía. Cada mañana, antes de despertarse, soñaba con la misma habitación donde le esperaba Aarón y elegía la carta. Entonces ya estaba lista para afrontar un nuevo día. No volvieron a intercambiar palabras entre sí, lo que Iria interpretó como algo natural. En ocasiones sentía que la carta elegida tenía mucho que ver con las experiencias de su día, mientras que otras veces no era capaz de comprender el mensaje. En cualquier caso, Iria seguía creciendo feliz junto a su familia y amigos.

Cuando cumplió 21 años, se percató de que algo estaba cambiando en su sueño. Todo parecía exactamente igual, excepto porque el abanico, aparentemente, contenía cada vez menos cartas. Además, los mensajes eran más simples y repetidos, como si las posibilidades se hubieran reducido. Iria no le prestó demasiada atención, ya se había acostumbrado a tener el mismo sueño cada día y, en ocasiones, apenas se esmeraba en observar la carta.

El mazo de cartas se fue haciendo cada vez más pequeño hasta que, con 30 años, cada mañana tan sólo había una carta que coger. Y el mensaje que contenía era siempre el mismo, con pequeñas modificaciones. Iria comenzó a sentirse frustrada, ya que relacionaba esta circunstancia con que sus días eran cada vez más monótonos y aburridos. ¿Qué estaba pasando?

Un día, durante el sueño, Iria explotó y volvió a comunicarse con Aarón.

—¿Qué está ocurriendo? —preguntó Iria, furiosa—. ¿Por qué ya sólo me ofreces una carta? ¿Dónde están todas las demás?

—Hola Iria, un placer volver a hablar contigo—respondió Aaron con calma—. Esperaba una reacción así pronto, aunque me sorprende que hayas tardado tanto.

Iria, sorprendida, se sintió indecisa, pero mantuvo su ira intacta.

—¿Qué esperabas mi reacción? ¿Es necesario que esperes a que estalle para explicarme qué demonios está pasando? —preguntó indignada.

—Siento tu malestar, Iria; únicamente cumplo con mi función. Realmente, yo estoy a tu disposición y no al revés. No tengo la capacidad de llamar tu atención si a ti no te surge la necesidad—respondió Aarón.

Iria, tras sus palabras, comenzó a relajarse. Es cierto, aunque se había dado cuenta de que cada vez tenía menos cartas para elegir, también lo había ignorado, suponiendo que no tenía mayor importancia.

—De acuerdo—dijo algo abatida— ¿Qué debo hacer para volver a tener más cartas donde elegir, para salir de esta monotonía y aburrimiento?

—¿Cuándo empezaron a desaparecer cartas? —preguntó Aarón, expectante.

Iria no recordaba exactamente cuándo comenzó a suceder, hacía ya bastantes años. Reflexionando sobre su pasado, llegó a la conclusión de que ella misma es la que había abandonado muchas de las opciones que antes contemplaba. En este momento su situación era muy cómoda a nivel profesional y personal, no requería de grandes impulsos y en consecuencia había dejado de aprender cosas nuevas.

—A los 25 años encontré mi primer empleo como psicóloga y a los 26 conocí a Manuel, mi pareja. Desde entonces, la vida se ha vuelto muy agradable, pero también muy rutinaria. Quizás, excesivamente rutinaria—consideró Iria, un poco arrepentida por su tono anterior.

—Entonces, comprenderás que las cartas las has eliminado tú, ya que yo sólo te muestro todas las opciones que consideras posibles para tus días, aunque no siempre les prestes la suficiente atención. ¿Quién piensas que es el responsable de que cada vez tus opciones estén más limitadas? —preguntó Aarón en un tono conciliador.

Iria se sentía irritada, ya que todas sus respuestas acababan en preguntas y era incómodo hurgar en una herida que ella misma había creado.

—Naturalmente, la responsable soy yo. Nadie más puede controlar mis actos ni mis prioridades, y nadie me ha impedido nunca ejercer mi propia voluntad. Reconozco que he dejado de perseguir mis sueños y de exponerme a situaciones nuevas. Soy afortunada por gozar de un empleo que me hace feliz y una pareja con la que disfruto cada día, además de una familia maravillosa. Pero en ocasiones me siento apática y fría, como si no valorara lo bueno que me rodea y nunca fuera suficiente. Es como si estuviera esperando que sucediera algo que no llega—dijo Iria con tristeza.

—¿Desde dónde esperas que llegue la novedad? ¿Qué quieres realmente que suceda?

—Recuerdo que, de niña, siempre quise ayudar a las personas, impactar de forma positiva en mi entorno. Creo que lo hago en mi profesión, ya que a través de la psicología impulso a las personas a encontrar soluciones a sus problemas. Sinceramente, siempre he esperado a que lo nuevo llegue de fuera, aunque, gracias a tu pregunta, entiendo que sólo puede presentarse desde un cambio interno—respondió Iria, más firme.

—Exacto. Ahora mismo ayudas a las personas, pero has dejado de ayudarte a ti misma. Te sientes fuerte y valorada en tu profesión, pero a nivel personal no dedicas el tiempo suficiente para tu crecimiento. Has dejado de lado todas las opciones que te rodean y pueden impulsarte a cambios beneficiosos, porque ya no les prestas tu atención—dijo Aarón en un tono solemne.

—¿Cómo puedo volver a abrir mi abanico de opciones? Parece que, si continúo viviendo de esta forma, cada vez estaré más lejos de mí y acabaré sufriendo, perjudicando a mi entorno y a mí misma—dijo Iria, un poco alterada.

—Recuerda que, cuando eras una niña, tenías muchas opciones para escoger con menos conocimientos y experiencias. No es cuestión de hacer, sino de dejar de hacer. Simplemente, permítete conectar contigo misma y tu entorno, atiende a lo que te rodea sin juicios y observa lo que sucede sin expectativas.

—Vale...creo que lo entiendo, aunque sé que al principio no será fácil, porque hace muchos años que me siento desconectada de todo lo que no forma parte de mis prioridades. A partir de hoy voy a poner la intención en observar, en darme cuenta de mis juicios, mis expectativas; cómo vivo el presente, mi entorno; cómo me veo y trato a mí misma—confirmó Iria, con seguridad.

—Sólo así, las cartas volverán a aparecer. Porque no es cuestión de conocimientos ni aptitudes, sino de abrirse a todo el mundo de posibilidades que ofrece la vida y elegir conscientemente cuáles quieres vivir—contestó Aarón.

Tras la intensa charla, Iria vivió unas semanas de incertidumbre y sufrimiento. Le costaba entender cómo, a pesar de sus esfuerzos, seguía sin aparecer ninguna carta nueva. Por primera vez compartió con Manuel y su familia la existencia de Aarón en sus sueños. Al principio, éstos se mostraron algo intrigados e, incluso, preocupados, pero su determinación de apoyar a Iria era indiscutible. Manuel, tras meditar sobre el tema, le recomendó tomar unas vacaciones y viajar sola a un lugar apartado. Le dijo que nunca había experimentado la soledad y que es algo muy importante para reconectar con uno mismo. Iria lo recibió de forma negativa y respondió inmediatamente con disgusto, a pesar de la insistencia de Manuel, que estaba convencido de que esto le ayudaría a encontrar respuestas.

Finalmente, llegaron a un acuerdo. Iria tomaría una semana de vacaciones y se iría sola dos días a una costa tranquila, a tres horas en coche de su casa. Si la experiencia resultaba positiva, se quedaría allí el tiempo necesario; si no, volvería pasados los primeros dos días.

Al marcharse, Iria se sentía muy incómoda. Era la primera vez que iba a hacer algo sola en su vida, no recordaba otra ocasión similar. Cuando llegó, se quedó impresionada. El lugar era maravilloso, el mar, la tranquilidad, un bosque espeso a pocos metros de la casa rural, sin duda un entorno idílico. Las personas con las que compartió alguna conversación fueron muy amables y enseguida se sintió acogida, pero había ido hasta allí a encontrarse a sí misma y estaba decidida a enfrentarse a la soledad.

El primer día fue horrible, se sentía tan irritada que no era capaz de calmar su mente. La alternancia de pensamientos entre volver inmediatamente a casa y superar la prueba era tal, que llegó a arrancar el coche dos veces decidida a salir de allí.

Pero aguantó. Y se quedó.

El segundo día empezó a darse cuenta de las cosas que le rodeaban; observó el mar durante horas por la mañana y dio un largo paseo en el bosque por la tarde. Durante el día estuvo pensando en las palabras de Aarón:

No es cuestión de conocimientos ni aptitudes, sino de abrirse a todo el mundo de posibilidades que ofrece la vida y elegir conscientemente cuáles quieres vivir.

Al anochecer, tomó la decisión de quedarse hasta que la necesidad de volver a sentirse cerca de sus seres queridos fuera menos intensa. La conclusión fue que, si no es capaz de experimentar sus relaciones personales de una forma más desapegada, no será capaz de prestar la atención necesaria a todo lo que suceda en su entorno.

Los días fueron pasando hasta que, por fin, Aarón mostró tres cartas a elegir durante su sueño. Su alegría fue tal que comenzó a saltar y chillar enérgicamente, con una mezcla de efusividad y liberación.

—¡Por fin lo he conseguido! —dijo Iria feliz.

—¡Así es, enhorabuena! Has sido capaz de romper patrones y enfrentar tus miedos más profundos. Arranca una nueva etapa en tu vida, que seguro sabrás aprovechar y disfrutar al máximo—contestó Aarón.

Durante el viaje de vuelta, Iria sentía que había trascendido parte de su miedo a no ser capaz de ser feliz o hacer cosas sola. Su sensación era de completa satisfacción consigo misma, y de agradecimiento por el entorno que le había impulsado a enfrentarse a su propia oscuridad.

TERCERA PARTE

Pirámide de la luz: Entorno

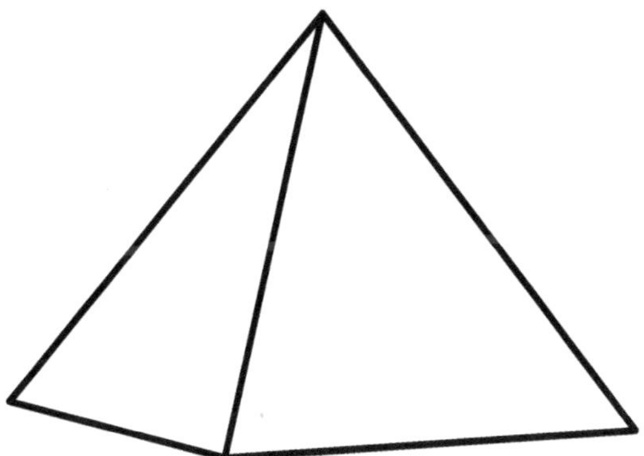

Percibe al planeta como un lugar maravilloso donde vivir y experimentar las opciones que ofrece. Si no encuentras tu lugar, soluciona el conflicto que existe dentro de ti

Ahora comienza el ascenso a la pirámide de la luz, hacia fuera, lo externo. Tras una intensa fase de introspección individual, llega el momento de expresar en el mundo, sin frenos ni miedos, tu propia autenticidad. La vida es para vivirla siendo fiel a uno mismo, pero también para compartirla. Las cuatro caras de la pirámide representan los cuatro elementos (relaciones personales, pertenencias, espacios y cultura) que engloban todo lo que percibimos y con lo que interactuamos.

Al igual que es importante ser consciente de uno mismo, aumentar la consciencia de cómo es la relación con el exterior es fundamental, ya que la influencia que ejerce sobre cada uno de nosotros es inmensa. Por ello, y para fomentar la armonía interna-externa, es aconsejable favorecer un entorno que permita una convivencia sana y una evolución personal constante.

¿Te gustaría vivir de una forma en la que ofreces tu mejor versión mientras recibes energía estimulante de tu entorno?

Suena excitante, ¿verdad? Bueno, pues vamos a por ello. En mi opinión, una vez se llega a este punto ya no hay vuelta atrás, y encontrar el entorno adecuado es cuestión de exponerse y fluir dejándose guiar por la intuición. Los cambios internos manifiestan cambios en lo externo;

simplemente requieren de tiempo para que sucedan. La paciencia es una gran virtud que siempre conviene cultivar. Ah, y olvídate de controlar cómo y cuándo van a suceder las cosas. Tú has sido capaz de realizar una tarea espectacular a nivel interno para vivir conectado a tu esencia, así que deja que sea ella la que tome el control de tu situación. De lo único que debes asegurarte es de seguir avanzando cada día, y ya has aprendido cómo hacerlo.

1. Relaciones

Las personas más importantes no se buscan,
la vida te las presenta

Anónimo

Generalmente, las personas que nos rodean son lo más importante de nuestro entorno. Seguramente prefieras viajar a una isla desierta con tu pareja o mejor amigo antes que llegar al paraíso solo, sin nadie con quien relacionarte. Necesitamos sentirnos conectados, expresar nuestras emociones, dar y recibir, ayudar y que nos ayuden. Sin embargo, a pesar de la voluntad que tenemos de crear y mantener relaciones personales valiosas, sabemos de su gran complejidad.

Los conflictos de mayor magnitud suceden con las personas que más amamos, ya que son las que realmente nos impactan a nivel emocional. Los problemas familiares, de pareja o con amigos de toda la vida son, por desgracia, extremadamente corrientes. Por suerte, la solución suele ser la misma en todos los casos: reducir la intensidad emocional, aceptar la situación, cuidar la autoestima, escuchar con empatía y ofrecer amor en abundancia soluciona la mayoría de conflictos entre las personas.

No es fácil, pero sí que es simple. No requiere de grandes inventos ni de complejas acciones, depende exclusivamente de la voluntad y sabiduría de las personas involucradas. Los conflictos aparecen, pero cada uno elige cómo los gestiona. Recuerda lo más delicado: aceptar que la respuesta de la otra persona no tiene por qué ser la que esperas ni de tu agrado. No es cuestión de ganar, sino de encontrar la forma en que todas las partes reciban lo máximo y pierdan lo mínimo.

En ocasiones, los vínculos sociales se pueden llegar a utilizar como medios para conseguir objetivos individuales, sin tener en cuenta las consecuencias negativas que puedan sufrir otras personas. Esta situación es muy peligrosa, puede generar miedos respecto a las relaciones por experiencias traumáticas pasadas. Todos queremos conexiones auténticas, que sean posible requiere de sinceridad y comprensión por ambas partes. Enlazar las interacciones sociales con el placer de compartir es un buen comienzo. Además, cuando no existen deseos egoístas, la magnitud de los conflictos suele reducirse extraordinariamente.

1.1 Trinidad de las relaciones

Naturalmente, durante tu vida vas a interaccionar con muchas personas de diferentes características, pero no tiene demasiado sentido analizarlas todas porque no se pueden comparar en importancia. Para desarrollar este capítulo, he decidido centrarme en las personas con las que se tienen o se han tenido vínculos emocionales muy fuertes, ya que son las que realmente han dejado huella.

Cada persona con la que interactuamos actúa como un espejo, mostrándonos ciertas características de nosotros mismos. Dichas características se suelen denominar *reflejos*, y es información muy valiosa para desarrollar el autoconocimiento y la inteligencia emocional. En la siguiente tabla se puedes examinar el *reflejo* que ofrece cada tipo de persona.

Personas	Reflejos
Parejas	Personal, de uno mismo
Familia	Patrones heredados familiares
Amigos	Quiero llegar a ser, intereses compartidos, experiencias positivas, conexión
Enemigos	Lo que no me gusta de mí mismo, necesito mejorar, experiencias negativas, traumas, conflictos

1.2 Parejas

Este capítulo pretende ayudarte a aumentar la consciencia en tus relaciones de pareja. Durante una relación, la convivencia y el compartir la vida expone al máximo grado qué se está dispuesto a dar por otra persona. El aprendizaje que puede brindar, si se experimenta de forma consciente, es formidable. No obstante, si el ego toma el control bloquea las enseñanzas, dando paso a una relación amor-odio con picos emocionales muy volátiles. Si en una relación experimentas mucha intensidad y mucho sufrimiento, algo está fallando. Para comprender lo que sucede, es necesario afrontar los momentos complicados de una forma en la que se puedan trascender para los dos. Las relaciones funcionan cuando se afrontan los momentos buenos y los malos. En el caso de que los conflictos se aparten, evidentemente volverán más adelante con más intensidad.

El patrón amor-odio dentro de una relación de pareja es bastante común por desgracia, pero hay muchos más.

¿Cuántos se quejan de que siempre acaban relacionándose con el mismo tipo de personas?

¿Cuántas personas comienzan sus relaciones muy enamoradas y al cabo de unos meses desaparece ese sentimiento?

Cuando alguna de estas circunstancias sucede y se repite en el tiempo, la única escapatoria es asimilar su aprendizaje y trascender el patrón. Desde luego, es un proceso que requiere tiempo y reflexión para poder comprender la raíz, el origen de la atracción a personas o situaciones en cierta forma decepcionantes. Entendiendo que las parejas son un reflejo personal, se puede concluir que el conflicto no es externo, es interno. El mundo no es culpable de lo que te acontece. Al contrario, te ofrece millones de opciones para que elijas lo que quieres, tantas como personas habitan en él. Si sólo eres capaz de atraer el conflicto, obviamente necesitas afinar esa percepción.

¿Cómo crear una relación consciente?

Ante todo, conocerse a uno mismo. Ser consciente de lo que se quiere, de los valores personales y de prestar la debida atención a la autoestima es de gran ayuda para enfocar correctamente los prismáticos. Igualmente, compartir el tiempo con personas que inspiran, que despiertan admiración, facilita que se conozcan las características de las personas con las que la conexión es natural y sin esfuerzo.

¿Qué creencias tienes respecto a las relaciones? ¿Cuáles son tus patrones de comportamiento? ¿Qué esperas dar y recibir en una relación?

Posicionarse desde lo que puedo ofrecer a la relación reduce al ego; desde lo tiene la relación para mí, lo intensifica.

Cuando el foco se sitúa en buscar y exigir fuera, se deja de prestar atención a lo que depende de uno mismo. Te recomiendo reflexionar sobre lo siguiente:

- Qué puedo ofrecer yo a otra persona

- Para qué quiero tener una relación de pareja

Si la ilusión de tener una pareja nace de factores externos, el fracaso está prácticamente garantizado. Cada persona puede crear un prototipo de relación que se adapte a su estilo de vida, pero la importancia de aumentar la consciencia de lo que realmente se busca facilita que se pueda detectar cuando aparece. No es un proceso automático; requiere que escuches, que te alejes del ruido, de las dependencias emocionales, que sientas qué es para ti y que confíes en que ya forma parte de tu vida.

Seguro que, si te gusta la moda, cuando ves un escaparate de una tienda de ropa enseguida capta tu atención. No dudes que puedes conseguir lo mismo con las relaciones personales, pero antes necesitas saber qué ropa te queda espectacularmente bien.

Los valores personales

Anteriormente hemos definido los valores personales. Si no lo hiciste en ese momento, tienes otra oportunidad. Las relaciones de pareja requieren de tiempo, dedicación y armonía. Si los valores personales entre esa persona y tú no son similares -por lo menos los más importantes- es complicado que el plan de vida funcione. Independientemente de que toda relación requiere de cierta adaptación, es importante que exista un espacio para satisfacer las ambiciones y voluntades de ambos. No obstante, el equilibrio es subjetivo, no existe el 50%-50% en una relación. Y aquí nace la magia...

Cuando cada miembro de la pareja desarrolla sus virtudes y se definen las responsabilidades en consonancia, se allana el camino hacia una convivencia saludable.

Es absurdo que las dos personas den un 50%, porque puede que una de ellas sea más feliz dando un 70%; y eso no tiene nada de malo. Lo importante es sentir que existe una armonía entre dar y recibir acorde con lo que necesita cada persona. Para dar luz a esta posibilidad, compartir los valores personales con los de tu pareja y charlar sobre ellos ayuda a crear coherencia y mejorar el conocimiento mutuo. La comunicación acompañada de buena voluntad es fundamental en cualquier relación.

La autoestima

¿Es posible que te amen si no te amas a ti mismo? ¿Cómo es tu diálogo interno respecto a tus relaciones?

Tu autoestima está determinada por la percepción que tienes de ti mismo. Es una valoración personal autorreferente.

La autoestima tiene una gran importancia en el autodesarrollo y una influencia vital a todos los niveles. Sin embargo, hay personas que consideran que tener una alta autoestima es una característica negativa. Cuando se relaciona la autoestima con el egoísmo o con un individualismo extremo no se está comprendiendo adecuadamente el concepto. En realidad, una persona con tendencia a enjuiciar a otras personas estará más controlada por el ego que una persona con alta autoestima.

La autoestima tiene una relación directa con el autoconcepto y las capacidades, tanto cognitivas como sociales. A la hora de asumir los diferentes obstáculos que aparecen durante la vida, el empoderamiento y la confianza que ofrece una autoestima elevada tiene un valor incalculable.

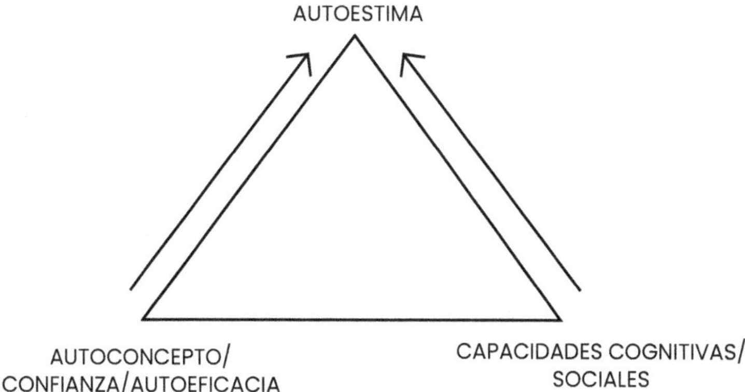

Para experimentar una relación sana, es preciso que cada miembro de la pareja sea capaz de mantener un nivel de autoestima que le permita ser fiel a sí mismo de forma constante. En el momento en el que aparecen desequilibrios por miedos o dependencias, si no se cortan a tiempo, probablemente el veneno del amor-odio comience a crecer sin límites hasta que la relación sea insostenible. Presta atención al autocuidado y a una comunicación asertiva con tu pareja, ambas son necesarias para convivir en sintonía.

Define tu plan de vida en pareja

Cuando no tienes responsabilidades con otras personas puedes diseñar tu estilo de vida como te dé la gana, con completa libertad. El mundo está a tus pies. Ahora, si tu intención es compartir la vida con otra persona o crear una familia, es imprescindible formar un equipo. Los equipos pueden ser malos, buenos, regulares o extremadamente buenos, de esos que ganan campeonatos. Cuando las personas se unen con un mismo objetivo consiguen la fuerza del conjunto, obteniendo un poder al que jamás podrían aspirar de forma individual. No obstante, hay que respetar las diferencias individuales; no auguro un gran resultado fichando a un tenista para un equipo de rugby.

En las parejas sucede lo mismo, el plan de vida debe ser similar a grandes rasgos. Cuando se juega al mismo deporte, con las mismas normas y el mismo objetivo, todo es mucho más sencillo. Además, si uno sabe meter goles y el otro parar disparos ya es fantástico. Así, cada uno puede enfocarse en lo que sabe hacer y complementarse hacia un idéntico fin.

Generalmente, existen cuatro puntos clave en el plan de vida:

- Intereses: ocio, tiempo libre e inquietudes
- Espacio: Hogar y frecuencia de mudanzas
- Convivencia: comunicación, organización, estilo de vida conjunto
- Descendencia: ¿sí o no?

Una disonancia en alguno de estos aspectos puede provocar que una relación no logre funcionar a medio o largo plazo, aunque todo lo demás sea maravilloso. Para encontrar puntos en común, es de gran ayuda ser sincero en la disposición a adaptarse y en cómo se quiere vivir.

La aparición de miedos es comprensible, ya que un conflicto en el plan de vida puede romper una relación, pero a su vez es necesario asumir los sacrificios que conllevan las adaptaciones determinadas con total franqueza. Como siempre, elegir significa rechazar otras opciones, y esto no se puede evitar.

Cada persona es libre de adaptarse hasta donde considere necesario en función de sus prioridades, pero siempre es recomendable hacerlo siendo honesto con uno mismo y con la pareja.

La soledad

Frecuentemente se asocia la soledad a no tener pareja, pero ésta se puede sentir igualmente conviviendo con una persona. De hecho, suele ser más difícil de aceptar, ya que sentirse sólo en pareja muestra una pérdida de conexión nada agradable respecto a la relación. Independientemente del contexto, la soledad aparecerá de alguna forma en la vida. Abrirse a recibir el regalo que trae consigo es un gran paso hacia el crecimiento personal.

La soledad es una bendición en los momentos en los que necesitas encontrarte a ti mismo, pero puede ser dura y dolorosa. La respuesta suele ser de huida, de buscar cosas fuera para evitar enfrentarse a ella. Considero que es bueno ser conscientes de que ese estado no es una constante, que el cambio es permanente. Todas las personas experimentan momentos de soledad, introspección y contracción, a la vez que otros más expansivos, de abundancia. La sensación de soledad no tiene nada de negativo, ya que antes o después pasará y dejará de ser protagonista en el presente. En consecuencia, te pido que no huyas cuando llegue y que intentes comprender el mensaje que trae para ti. Recuerda que en tu interior tienes todo lo necesario para vivir la vida que mereces vivir.

Encuentra la armonía en tu relación

Si sientes que la relación no avanza o que no es lo que esperas de ella, no pasa nada; acéptalo y toma acción.

No tiene ningún sentido permanecer en un lugar que no es para ti una vez que te has dado cuenta.

Al contrario, si sientes que vives dentro de una relación consciente en armonía, mi más sincera enhorabuena; habéis conseguido un logro maravilloso que favorece una calidad de vida extraordinaria. Si estás en el camino, no te preocupes, ya que se puede construir poco a poco, sin prisas, sin forzar, respetando los tiempos, pero con la máxima intención de crear un equipo invencible.

1.3. Familia

Sólo existe un grupo de personas con el que se convive de forma inevitable y en su contexto determinado; esas personas forman la familia. La familia -desde los abuelos hasta los primos lejanos- deja huella, es una influencia muy importante en las creencias y patrones de conducta personales. La comprensión de los patrones familiares es fundamental para entender el origen de muchas creencias y hábitos que se realizan a diario.

Los patrones heredados de conducta

Durante los primeros 7 años de vida se absorbe de forma inconsciente la información del entorno para construir una identidad y facilitar la supervivencia. Por consiguiente, los patrones de comportamiento y las creencias que predominan en el ámbito familiar tienen un peso muy importante en las acciones y decisiones que se toman durante toda la vida. En muchas ocasiones, dichos patrones se realizan de forma inconsciente sin darse uno cuenta de las similitudes entre el comportamiento propio y el de otros miembros de la familia, principalmente padre y madre. Otras veces se rechazan, por experiencias durante la infancia en las que la persona piensa que sus padres podrían haber actuado mejor en situaciones concretas. Seguro que, si lo piensas bien, reconoces algunos patrones en tus hábitos diarios similares a los de tu padre, madre o hermanos.

A su vez, es muy probable que muchas limitaciones nazcan de esas creencias y te impidan evolucionar. Todas las creencias aportan aprendizajes cuando se trascienden, pero algunas de ellas pueden llegar a ser grandes barreras en tu evolución personal. Aquí entra la importancia de ser consciente de cuáles son los patrones heredados y tomar la decisión de permanecer con ellos o trascenderlos para avanzar a un siguiente nivel.

Además, ¿recuerdas que el impacto emocional es mayor cuando la persona es cercana? Todo lo relacionado con la familia posee un vínculo muy intenso que dificulta tomar decisiones desde un plano más racional. Al mismo tiempo, aceptar circunstancias que no han sido resultado de decisiones personales no siempre es fácil. No voy a descubrir la complejidad y la diversidad de posibilidades que ofrece un entorno familiar, pero sí que puedo asegurar que es necesario trascender los patrones heredados para conectar con la propia esencia individual. Por suerte, es un proceso relativamente sencillo si se consigue reducir la carga emocional:

1. Haz conscientes los patrones heredados del padre, la madre y resto de la familia

2. Decide los que armonizan contigo y los que quieres trascender para evolucionar

3. Redefine los patrones que quieres trascender

4. Sé coherente contigo mismo

Vamos con un ejemplo para simplificar la puesta en práctica. Si tienes un padre con tendencia a pensar que los políticos son malas personas, es muy probable que hayas integrado una de las siguientes opciones:

- Interés por la política o incluso dedicación a la misma

- Rechazo profundo a todo lo relacionado con política

Esto sucede porque las creencias familiares suelen generar polaridad, más aún cuando llega la adolescencia y se aspira a tener una identidad más sólida e individual. Por lo tanto, la creencia se enraíza o se rechaza intensamente.

La puesta en práctica sería la siguiente:

1. Soy consciente de que mi rechazo a la política tiene su origen en la creencia de mi padre de que los políticos son malas personas.

2. Decido que esa creencia no forme parte de mí en el futuro.

3. La política es un reflejo de la sociedad, no es mala en sí misma. Si quiero que mejore en el futuro, acepto la responsabilidad de influir en mi entorno de una forma que considere positiva para fomentar el desarrollo de la sociedad.

4. Actúo en coherencia con mi nueva creencia y dejo de rechazar la política; simplemente intento comprender el mensaje que muestra de la sociedad y encontrar soluciones para elevar la conciencia colectiva progresivamente.

Ahora esta persona ya no va a maldecir a diestro y siniestro cada vez que aparezca la política en su vida, como podría hacer su padre, y su posición será más fiel a una creencia creada por sí misma.

La evolución de la humanidad depende de cada uno de nosotros. Si únicamente rechazamos o integramos patrones que ya existen, estamos esquivando la creación de nuevas formas de vida que puedan aumentar la prosperidad en el futuro.

Muestra la valentía de trascender lo que ya no es para ti y de facilitar el cambio que quieres ver en el mundo

El origen de los patrones heredados

Esta tarea puede ayudarte a entender las creencias o patrones que has heredado de cada miembro de tu familia y, si lo consideras necesario, qué nuevo significado le vas a otorgar para mejorar la relación con ellos y contigo mismo. Recuerda que el nuevo significado debe estar basado en el amor, por mucho daño que pueda haber causado el patrón.

La adaptación a los cambios es una tarea individual, no tiene demasiado sentido culpar a los padres o al sistema de no aportar soluciones a los problemas que surgen. Es comprensible que, en primer lugar, se pruebe a utilizar las herramientas que ya se han aprendido, pero si no funcionan no queda otra que aprender nuevas. El deber de indagar en las soluciones que necesitas para cada situación depende exclusivamente de ti. La integración de la información que aporta la familia y expresar ésta de una forma más consciente es, indudablemente, más provechoso que rechazarla. Generalmente, la familia quiere lo mejor para cada miembro de la misma, pero eso no significa que aporte lo que realmente se necesita para afrontar la vida.

Familiar
¿Qué me gusta de él/ella?
¿Qué rechazo de él/ella?
¿Qué creencias/patrones he heredado de él/ella?
¿Qué nuevo significado le voy a asignar a cada patrón heredado que quiero trascender?

Haz esta tarea con las personas de la familia que más te han influenciado, especialmente abuelos, padres y hermanos. Quizá te lleves algunas sorpresas, ya que probablemente muchas acciones inconscientes nacen de patrones heredados por tus familiares. Espero que puedas integrar esa información para evolucionar a nivel individual y para mejorar la relación con cada uno de ellos.

Lo familiar y la familia van de la mano

Todas las experiencias que ya conoces previamente y en las que te sientes con confianza y relajado suelen ser familiares. Naturalmente, los estímulos nuevos son beneficiosos en múltiples aspectos, pero no hay que olvidar lo agradable de sentirse en calma, seguro, con la sensación de que nada puede salir mal.

¿Qué resulta familiar para ti?

Ser consciente de las actividades que te ayudan a sentirte feliz y relajado es igual de importante que conocer las que te ayudan a evolucionar. El estrés de lo nuevo necesita equilibrarse con la calma de lo conocido, si no es así es muy fácil caer en estados de agotamiento o inestabilidad emocional. Por ello, permitirte disfrutar de lo que te hace sentir feliz y en calma, de tus actividades familiares preferidas, es maravilloso. No obstante, conviene recordar que sean actividades que no perjudiquen tu salud ni a tu entorno social.

Asimismo, si el entorno familiar es saludable, estar cerca de la familia representa tranquilidad, relajación, apoyo, amor. Probablemente, la familia es el sostén más importante que una persona pueda tener. El significado de la familia es muy personal, pero en todos los casos conviene recoger lo mejor que cada familiar te ha podido aportar. Son tus raíces, sin la familia no hubieras llegado al mundo de esta forma. En mi opinión, para sentirse bien en el presente es necesario honrar a tu pasado, y la familia es lo más destacado respecto al origen de cada persona.

1.4. Amistades

Se dice que los amigos son la familia que se elige. Son los vínculos personales más expansivos, ya que no dependen de una persona concreta o del núcleo familiar y, por lo tanto, pueden ser infinitos. No obstante, también se dice que los amigos de verdad se pueden contar con los dedos de una mano, siendo escasos y valiosos.

¿Por qué hay personas con las que se gesta una profunda amistad en poco tiempo, mientras que con otras una relación de años parece no ser suficiente?

Las relaciones sociales forman parte del proceso de evolución personal. Por lo tanto, cuando se cruzan dos personas que pueden intercambiarse información entre ellas para progresar, ya sea a nivel físico, mental, emocional o espiritual, la probabilidad de que brote una nueva amistad es alta.

Imagina a Jesús, un chico tímido, bastante cauto y con cierta tendencia a hacerlo todo de forma individual. Un día conoce a Marcos, enérgico, vivaz, que no piensa las cosas dos veces y siempre está acompañado de gente. Los dos se aportan entre sí elementos que les ayudan a equilibrarse, aunque no formen parte de su naturaleza. Esas diferencias generan admiración mutua, ya que a ambos les gustaría poseer más de esas características; además, a los dos les apasiona el tenis. Siempre que las circunstancias acompañen, la amistad entre Jesús y Marcos será firme y duradera.

Cualquier situación puede originar una nueva amistad, aunque obviamente las actividades sociales son las que más lo facilitan. En mi opinión, es muy interesante crear vínculos estrechos con personas de diferentes edades e intereses que no tengan vínculos entre sí. El aprendizaje recibido y el abanico de opciones que genera es muy atractivo para disfrutar de experiencias muy diversas.

Las amistades suelen estar relacionadas principalmente con tres ámbitos:

- Familia/amigos
- Ocio/aficiones/intereses comunes
- Entorno laboral

El primer punto está claro, ya que son amistades originadas por los amigos de toda la vida o la familia. Suelen ser las amistades más importantes, el principal núcleo de personas tras la familia.

Por su parte, las amistades originadas por el ocio o intereses comunes son de lo más variadas; perfectamente puede surgir el mejor amigo o simplemente una unión causal para compartir un interés común.

Finalmente, las personas relacionadas con la actividad económica pueden aportar algo diferente, quizás menos intenso en profundidad, pero con mayor incidencia en el desarrollo profesional. Si el entorno laboral está alineado con la voluntad personal, las relaciones que llegan pueden ser de lo más interesantes. Compañeros, mentores, ayudantes, líderes o alumnos generan un dinamismo positivo hacia un objetivo común.

Un planteamiento muy interesante es sembrar relaciones laborales en tres niveles diferentes:

- Inspiradoras: Mentores, líderes, personas con una trayectoria distinguida

- Colaborativas: Compartir aprendizajes y puesta en común de ideas y proyectos

- Instructivas: Enseñar ayuda a integrar los propios aprendizajes, a la vez que se aprende de las diferentes perspectivas que aportan los alumnos

Así, se facilita la expresión natural de aprender, compartir e inspirar a la misma vez, potenciando el crecimiento individual y aportando los conocimientos que necesitan las nuevas generaciones para nutrirse y evolucionar.

Los enemigos

Los enemigos, a pesar de tener un carácter negativo, aportan un gran valor. Comunican cada día los aspectos que limitan, que no gustan de uno mismo y que se deberían trascender para facilitar el crecimiento individual. Muestran los obstáculos, las dificultades a enfrentar para demostrar si realmente se quiere llegar al destino elegido. Rechazar al enemigo lo atrae más, ya que la atracción y el foco de atención están directamente relacionados. Además, es conveniente tener en cuenta que el amigo y el enemigo son lo mismo, los dos forman el concepto de amistad desde extremos opuestos.

Reflexiona sobre las siguientes preguntas:

- ¿Si mis enemigos son los malos, yo soy el bueno?

- ¿Mi moral es mejor que la de mis enemigos?

- Si yo también soy su enemigo, ¿quién tiene razón?
- Si mi enemigo está equivocado, ¿yo poseo la verdad?

Los juicos niegan el aprendizaje

En el momento en el que se juzga de forma negativa a alguien o a algo nace una opinión personal, muchas veces considerada como la verdad, o lo que "debería de ser". En consecuencia, quien piensa el juicio manifiesta una superioridad moral subjetiva a pesar de ser únicamente una opinión personal, aunque esté respaldada por la ficción colectiva de la sociedad. El ego se sentirá feliz y satisfecho, pero se habrá rechazado la reflexión y el aprendizaje.

Todos sabemos que hay acciones que pueden ser desagradables, pero siempre tienen algo que enseñar si se está dispuesto a recibir el mensaje, incluso cuando afectan a nivel personal.

Conoce a tus enemigos, escucha las emociones que te generan, supera los retos que te presentan

La superioridad moral no aporta nada, únicamente es rechazo a lo que se considera malo, negativo. Tal planteamiento sólo consigue impedir el aprendizaje a la vez que se atrae con mayor intensidad.

Una cadena es tan fuerte como su eslabón más débil

Thomas Reid

¿Qué revelan los enemigos de ti mismo? Respondiendo a esta pregunta reconocerás tus debilidades.

Averigua tus debilidades para que aumente la entereza de todo tu ser. Perfeccionar las fortalezas es tan importante como aceptar y atenuar las flaquezas.

Preguntas resumen

- ¿Qué patrones existen en tus relaciones de pareja?
- Respecto a las relaciones de pareja, ¿tienes predisposición a ofrecer tu mejor versión o a recibir lo que deseas?
- ¿Cómo podrías mejorar la relación con las personas más importantes de tu familia?
- ¿Qué aportas a tus amistades? ¿Qué recibes de ellas?
- ¿Qué debilidades muestran tus enemigos de ti mismo? ¿Eres capaz de integrar el mensaje?

2. Pertenencias

La hermosura se desvanece; los objetos y el dinero pierden valor; las emociones se disipan; el préstamo de la vida se acaba, dejando experiencias, aprendizajes y el impacto generado en las personas con las que has compartido

¿Existen las pertenencias o son préstamos que podemos disfrutar durante un tiempo limitado?

Nuestro cuerpo es finito y, en consecuencia, nada de lo que obtenemos en la vida nos pertenece eternamente; son préstamos que disfrutamos durante un tiempo concreto.

La materia se va transformando para satisfacer las necesidades de la sociedad: el metal de la lanza se ha convertido en espada, viga, coche y avión a lo largo del tiempo. Asimismo, el dinero ha evolucionado en forma y concepto durante la historia con el fin de ser una herramienta de intercambio para dar y recibir energía o recursos. Como toda herramienta, si se utiliza bien tiene la capacidad de mejorar la sociedad y favorecer la prosperidad, mientras que bajo un empleo deficiente la pobreza y la decadencia aumentarán. Un nivel de conciencia holística elevado facilitará que los recursos se dirijan en las direcciones adecuadas, generando más abundancia.

¿Cómo te relacionas con tus pertenencias?

Es curioso como tendemos a equilibrar ingresos y gastos, independientemente de las cantidades. Lo mismo da ganar 1.000 euros al mes que 10.000 si el día 30 te quedan cero.

¿Por qué cuanto más tenemos, generalmente más queremos?

Diferentes motivos pueden explicar esta circunstancia:

- Favorecer el estatus social
- Obtener comodidades, servicios y recursos
- Apegos y descontrol emocional
- Desconocimiento de cómo gestionar los recursos económicos
- Influencias sociales y culturales

En mi opinión, el dinero expande las cualidades de una persona. La riqueza ofrece más capacidad de interactuar con el mundo, de generar mayor impacto social. En función de las características y ambiciones de la persona, invertirá su capital de una forma u otra, mostrando al mundo cuáles son sus prioridades. En consecuencia, considero interesante que lo que eres esté ligado a tu propia esencia individual y tengas la capacidad de liberarte de las necesidades del ego, porque si no es así, serás esclavo del deseo, infinito e insaciable. Además, por naturaleza se nos da fatal gestionar la abundancia, más aún si no se trata de algo material, como es el número de euros en una cuenta bancaria.

Por lo tanto, ser capaz de gestionar y dirigir los recursos conseguidos hacia lo que verdaderamente es importante mientras se identifica lo que es prioritario, es fundamental para avanzar en la dirección correcta sin desvíos o retrasos innecesarios. La creación de un método para gestionar los propios recursos es un modo de conseguir más libertad -recuerda que cuando nos dejamos llevar por los impulsos emocionales, dejamos de elegir-.

A su vez, los apegos emocionales a lo material son muy comunes y dificultan disfrutar realmente de las cosas.

No puedes disfrutar al máximo lo que tienes miedo de perder

Si el apego emocional hacia un objeto es significativo puede aparecer el miedo a que se estropee, rompa, o sufra algún accidente. En casos así las personas pueden llegar a angustiarse cuando se utiliza el objeto en cuestión, hay miles de coches preciosos encerrados en el garaje justificando este argumento. Cada uno puede elegir el por qué y el para qué de sus compras, todo es respetable, pero ya hemos tratado anteriormente todo lo asociado a las necesidades externas. Deduce tus propias conclusiones.

Las compras inconscientes

La inmersión en la productividad, el capitalismo y los "tengo que" ha alterado la percepción de la sociedad; las prioridades han cambiado y se han alejado en extremo de lo que realmente es necesario para convivir en armonía. Un claro ejemplo es el ambiente en las ciudades y centros comerciales, extremadamente estimulante para los sentidos, con gente por todas partes, música muy rítmica, prisas, ofertas, tráfico, movimientos en todas las direcciones, etc. Obviamente no es consecuencia del azar. La parte más racional del cerebro humano tiene grandes dificultades para ser eficaz en un contexto así, ya que cuando quiere analizar un estímulo aparecen muchísimos más. Aunque sea inconsciente, la incapacidad de procesar la información proveniente del entorno por un exceso de excitación genera estrés en la fisiología humana.

Las prisas para llegar a un lugar que se desconoce, el ritmo de vida acelerado que busca satisfacer al máximo el desarrollo profesional y el ocio, esa tendencia a hacer y sentirse mal por no hacer. Además, para rematar al cerebro, unos cuantos estímulos más de redes sociales, series o televisión al llegar a casa, que hay que ponerse al día con las novedades. En resumen, una sociedad adicta a la dopamina (recompensas instantáneas) y completamente inconsciente.

No se necesitan ni tantos estímulos ni tantas cosas; lo que realmente se necesita es ser fiel a uno mismo, y eso no se consigue comprando el último modelo de Desigual.

2.1 Trinidad de las pertenencias

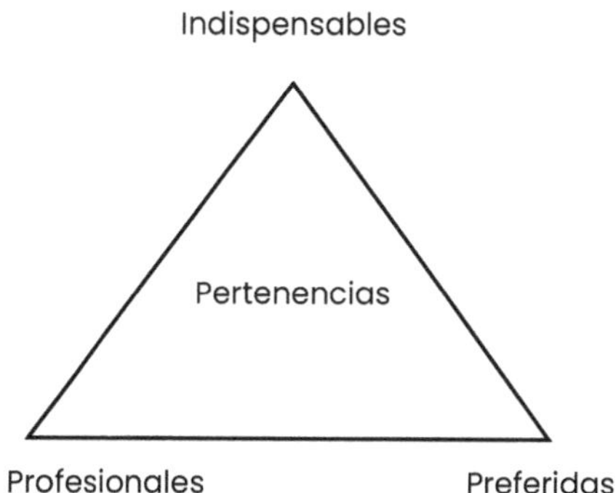

Definir las pertenencias que realmente son funcionales para vivir te ayudará a ser consciente de lo que necesitas y a gestionar mejor tus gastos.

Pero, ¿es malo comprar cosas que no hacen falta?

Claro que no. La búsqueda de satisfacer intereses personales ayuda a generar más abundancia para la sociedad. No obstante, es conveniente aumentar la consciencia de las compras, conocer para qué y qué vas a hacer con lo que adquieres.

Avanzaremos en este capítulo en función de la necesidad asociada a cada pertenencia, de la siguiente forma:

Indispensables › *Profesionales* › *Preferidas*

2.2. Pertenencias indispensables

¿Qué necesitas para vivir?

Realmente, cabe todo en una mochila. Una de las sensaciones más agradables que recuerdo de mi experiencia en el camino de Santiago es justamente esa: caminar con todo lo necesario a cuestas. Por supuesto, no creo que vivir así toda la vida sea algo práctico, pero es liberador darse cuenta de que se puede vivir con pocas cosas.

Define tus pertenencias indispensables

¿Qué es tan importante para ti que no podrías vivir sin ello?

Como bien sabes, apenas necesitamos cosas para sobrevivir. Se puede salir adelante con dos buenas raciones de comida al día y un lugar confortable para dormir; ya vivíamos así hace miles de años. Partiendo de esta base, se puede concluir que la gran mayoría de pertenencias básicas materiales están influenciadas por la cultura del lugar donde vives y son completamente subjetivas.

¿Qué te parece? Es maravilloso. Gozas de total libertad para definir lo que es fundamental para ti, puesto que ciertamente casi nada de lo preestablecido es absolutamente necesario. Al ser una elección personal también será cambiante, adaptando lo que requieres a tus capacidades y aspiraciones.

Conocer lo que necesitas te ayudará a clarificar tus prioridades

Define los objetos indispensables para vivir actualmente (los que meterías en tu mochila):

En mi caso, sería lo siguiente:

Ropa variada para cada estación, TRX o cintas de entrenamiento en suspensión para entrenar, móvil, lector de e-book, cuadernos, bolígrafos, cartera, utensilios de aseo personal y algún objeto pequeño con gran valor emocional.

2.3. Pertenencias profesionales

¿Qué pertenencias necesitas para desarrollar tu actividad laboral eficientemente?

En función de la profesión, necesitarás diferentes objetos y/o herramientas para desarrollarla adecuadamente. Además, dentro de esos objetos y/o herramientas hay diferentes niveles, más o menos sofisticados y que ofrecen diferentes soluciones. Por ejemplo, un autónomo podría comenzar sólo con un portátil y crecer durante su carrera profesional hasta disponer de una nave industrial con maquinaria y más de 100 empleados. Durante ese camino, las necesidades de personal y materiales han variado constantemente. Por otro lado, si eres empleado, normalmente la empresa ya te ofrecerá todo lo imprescindible para ejercer las tareas y no tendrás que adquirir ningún bien material.

En el ámbito profesional hay tres factores clave a tener en cuenta antes de realizar una inversión:

1. ¿Tiene una buena relación calidad-precio?

2. ¿Cubre una necesidad actual?

3. ¿Cómo lo voy a rentabilizar?

De esta forma, adquieres lo que cubre necesidades que ya tienes, a un buen precio y pensando en cómo rentabilizar la inversión lo antes posible. Las ideas son maravillosas, pero no es rentable cubrir necesidades de ideas poco productivas a corto plazo y difíciles de materializar. En el momento en el que las ideas hayan bajado a tierra, se puedan realizar y generen ingresos entonces es momento de invertir en lo mínimo viable para funcionar.

No tiene demasiado sentido gastar recursos económicos en formaciones o equipo sin posibilidades de rentabilización a corto-medio plazo, ya que aún se desconoce si la idea es provechosa. Administrar correctamente los bienes es fundamental para la tranquilidad y sostenibilidad, definiendo lo necesario para comenzar y progresar, paso a paso. Mantener el foco en el presente bajo la guía de una proyección futura positiva y realista siempre es recomendable.

Define los objetos que necesitas para desarrollar tu profesión actualmente:

3.4. Pertenencias preferidas

¿Qué objetos te generan motivación e impulso para avanzar cada día?

Pese a que esta sección pueda parecer la más superficial, en mi opinión es la más importante. Ser capaces de reconocer lo que queremos tener aporta información valiosa sobre nosotros mismos, a la vez que impulsa a crecer y evolucionar constantemente.

¿Te imaginas vincular las pertenencias personales que te hacen más feliz a un desarrollo personal, profesional y social fiel a ti mismo? ¿Y si encima consigues anclar la emoción que más te impulsa a conseguirlo?

Desestimar lo que gusta es igual de malo que necesitarlo. Recuerda que buscamos una armonía y sentirse feliz y realizado con las propias pertenencias forma parte de ésta. Lo ideal es que tu nivel de conciencia sea alto y seas capaz de generar un beneficio propio y ajeno, algo inalcanzable con pensamientos de escasez o ausencia de ilusiones. Por este motivo, ser capaz de conseguir tus deseos desde una perspectiva de no necesidad me parece tan importante, porque favorece el impulso necesario hacia una evolución social libre de apegos y dependencias externas.

Los objetos preferidos suelen tener una relación con las aficiones e inquietudes de cada persona, a la vez que nutren a nivel emocional y facilitan la vida. Están relacionados con los siguientes ámbitos:

- Hogar
- Aficiones/ocio
- Transporte
- Apariencia
- Cuidado personal

Define los objetos preferidos en cada ámbito. Acompáñalo de un significado racional siguiendo este ejemplo.

Ámbito	Transporte
Objeto preferido	Coche familiar
Función	Facilitar el transporte al trabajo y a las excursiones familiares
Emoción vinculada	Placer y libertad

Cuando eres capaz de razonar y justificar una compra con buenos argumentos, es muy probable que la hayas realizado de forma consciente. Así evitarás gastos innecesarios, además de sentir mayor control en tu toma de decisiones y obtener el agradecimiento de tu cuenta bancaria. Por último, adaptar la prioridad de las compras a las necesidades actuales evita sorpresas desagradables, ya que el futuro es incierto y nunca se sabe cómo pueden cambiar las circunstancias.

2.5. Crea espacio

Seguro que guardas esa camiseta que compraste hace 10 años y te has puesto sólo una vez. O esa bici estática, que acumula polvo en el trastero. Déjame decirte una cosa: si no utilizas algo, y sabes que no lo necesitas, véndelo o regálalo.

Siempre me ha llamado la atención las constantes quejas por tener la casa llena de trastos y la incapacidad de deshacerse de ellos. Las ventajas de conservar en el hogar sólo lo que se utiliza como mínimo una vez al año y lo que hace feliz son formidables:

- Espacio libre y hueco para lo nuevo
- Reducción de la carga visual
- Facilita la decoración y el orden
- Facilita limpiar el hogar
- Reducción del estrés
- Ahorro o ganancia de dinero a través de ventas

Recuerda: lo que se estanca deja de fluir y la materia no es diferente. Pensar en los objetos que no usas como materia estancada puede que te ayude a deshacerte de ellos. Hay dos claves fundamentales para quedarte con un objeto o prescindir del mismo:

- ¿Lo utilizo?

- ¿Me hace feliz verlo?

Si las dos respuestas son negativas, búscale a ese objeto un nuevo lugar lejos de tu hogar.

Preguntas resumen

- ¿Mis compras son conscientes o inconscientes?
- ¿Reconozco lo indispensable, lo profesional y lo preferido respecto a mis pertenencias?
- ¿Soy capaz de entender el origen de mis preferencias materiales?
- ¿Soy capaz de soltar los objetos que ya no utilizo ni me hacen feliz?
- ¿Cómo definiría mi relación con las pertenencias materiales?

3. Espacios

El día que sientas que el mundo entero es tu hogar, que el cielo es tu techo, que la tierra es tu piso y que cada árbol es tu jardín, entonces estarás realmente en casa

Sri Sri Ravi Shankar

Afortunadamente, disponemos de un planeta que nos ofrece una gran diversidad. Apenas pueden compararse lugares inhóspitos y extremos como el desierto de Lut a islas como las Canarias, donde se goza de una temperatura agradable los 12 meses del año. Igualmente, los lugareños del Tíbet se parecen bien poco a los ciudadanos de Nueva York, ya que el contexto de vida es completamente diferente. La pluralidad de situaciones geográficas y climas ha participado sustancialmente en el desarrollo del mundo que conocemos. A pesar de que ahora disponemos de muchos medios para adaptar el entorno natural a nuestras necesidades, realmente es una coyuntura reciente, ya que todas las ciudades y culturas que conocemos han nacido adaptándose al espacio en el que se han manifestado.

El emplazamiento de una ciudad, en gran parte, ha determinado si será grande o pequeña, el carácter de sus habitantes y su comida, entre otras muchas cosas. En definitiva, las características del espacio donde vives tienen una influencia total en el estilo de vida que puedes desarrollar, por lo que es un factor a tener muy en cuenta. A su vez, experimentar todo lo posible la variedad de opciones que ofrece el planeta Tierra es muy recomendable.

Para encontrar tu lugar en el mundo primero debes sentirte parte de él; no hay mejor manera que conocer todo lo que puede llegar a ofrecerte

3.1. Trinidad de los espacios

Comenzaremos definiendo la forma preferida para relacionarse con los espacios y, posteriormente, concretaremos el lugar o lugares con las características adecuadas para posibilitar el estilo de vida preferido. En última instancia, describiremos cómo es el espacio al que puedes llamar casa, el hogar.

3.2. Forma

Para facilitar la decisión vamos a utilizar las dualidades. Cuando tengas dudas sobre un concepto, puedes utilizar este método para guiarte según tu propio instinto. Simplemente consiste en escribir los dos extremos y tachar el que transmita peores sensaciones.

¿Cómo prefieres relacionarte con los espacios que te rodean?

Viajes

Abundantes - escasos

Aventura - tranquilidad

Lejanos - cercanos

Duraderos - breves

Continentes (Ordena por orden prioridad)

	Oceanía
	Europa
	América del norte
	América del sur
	Asia
	África
	Antártida

Clima

Cálido - frío

Húmedo - seco

Lluvioso - despejado

Constante – variable

Población

Rural - urbana

Interior - costa

Grande - pequeña

Gentío - dispersión

Comunidad - individualidad

Hogar

Temporal - permanente

Compra - alquiler

Grande - pequeño

Aislado - centralizado

Tras reflexionar sobre estas dualidades, habrás aumentado la conciencia sobre cómo prefieres relacionarte con los espacios. Recuerda que es cambiante en función del contexto y las prioridades actuales, por lo que puedes llevar a cabo la tarea siempre que lo consideres necesario.

3.3. Lugar

¿Si pudieras elegir, en qué lugar del mundo vivirías?

Vivir en un lugar que facilita la coherencia a nivel interno y que permite relacionarse con el mundo satisfactoriamente es un privilegio. No obstante...

¿Cuáles son tus prioridades?

Después de definir la forma en la que prefieres relacionarte con el espacio, seguramente hayas visualizado tres o cuatro lugares en los que te imaginas viviendo placenteramente. Perfecto, eso ya lo tenemos. Ahora me interesa que seas consciente de lo que realmente es importante para ti ahora mismo y lo enlaces con tus posibilidades de elegir dónde vivir.

Las prioridades vitales suelen ser las siguientes:

Desarrollo personal. Todo lo relacionado con la sensación de avanzar y ser cada día un poco mejor. Sentirse más autorrealizado, aumentar la confianza y la autoestima, la aptitud para solucionar problemas, fomentar talentos y añadir nuevos, etc. La vida impulsa hacia una evolución individual de forma natural, por lo que es constante.

¿De qué manera puede ayudarte el lugar dónde vives a desarrollarte a nivel personal?

Familia y principales vínculos sociales. El sentimiento de pertenencia a un entorno social es fundamental, aunque no siempre del mismo modo. La relación de un niño con sus padres, de completa dependencia, cambia completamente una vez el niño llega a ser adulto. Cuando una persona comienza a entablar relaciones personales por su cuenta se expanden las posibilidades de grupos y vínculos sociales, mientras que la familia suele mantenerse constante. Dependiendo de las habilidades sociales, la confianza será mayor o menor para exponerse a situaciones alejadas de la familia y amigos. Muchas personas sienten un profundo enraizamiento hacia sus vínculos sociales más importantes, por lo que alejarse de ellos puede ser causa de sufrimiento.

¿Cuál es tu situación? ¿Es primordial para ti vivir cerca de tus seres queridos?

Crecimiento profesional. El lugar de residencia puede impulsar contactos, proyectos o aprendizajes que favorezcan una progresión acelerada. Si la persona prioriza su crecimiento profesional, es posible que necesite desplazarse y conocer los lugares que tienen una relación directa con su ámbito profesional, desde la consciencia del precio que está pagando.

¿Cuáles son los lugares del mundo que más pueden potenciar tus competencias?

¿Estás dispuesto a pagar el precio de apostar al máximo por tu crecimiento profesional?

Impacto social. Independientemente de si se tiene la voluntad o no, generamos impacto en nuestro entorno continuamente. Todo lo que hacemos y decimos tiene unas consecuencias y conviene que estén dirigidas de una forma concreta y decidida por uno mismo.

¿Cuál es la importancia que le das a tu impacto social?

¿Cuál es el cambio que te gustaría advertir en el mundo?

¿A cuánta gente quieres llegar?

¿Qué lugares te permiten difundir mejor tu mensaje?

Respondiendo a estas preguntas podrás averiguar la relevancia que tiene el impacto social en tu vida. Quizás, gracias a la tecnología de redes disponible en nuestros días el lugar de residencia no sea tan importante, siempre que se respete la coherencia de lo que se quiere transmitir. No tiene lógica comunicar aventura viendo una serie en el sofá ni seguridad desde un paracaídas.

A continuación, ordena tus prioridades actuales para dar luz a las que son más importantes para ti.

	Desarrollo personal
	Familia y principales vínculos sociales
	Crecimiento profesional
	Impacto social

¿Qué lugares te permiten armonizar tu relación preferida con el espacio y tus prioridades vitales actuales?

____

____

____

____

____

____

3.4. Hogar

El concepto de hogar es mucho más relevante que una vivienda en propiedad. Es el lugar donde te sientes en casa, protegido, acompañado de las personas que más quieres. El término hogar deriva del latín *focus* (fuego) y está ligado con el lugar donde se congregaba la familia en torno al fuego, símbolo de vida y protección. Está vinculado a sentimientos de unión, seguridad y bienestar, antes que con un lugar físico. De hecho, vivir en una casa opulenta no tiene una correspondencia directa con un hogar de mayor calidad. Cada persona tiene unas preferencias y asocia su bienestar a diferentes condiciones; no existe un hogar perfecto para todo el mundo. Para sentir que es tuyo, es imprescindible que puedas identificarte con él, que muestre lo que eres. Otro de los factores que determinan la sensación de hogar son las experiencias del pasado. Por ejemplo, la ciudad donde has nacido y la vivienda donde has crecido son lugares muy familiares, seguramente relacionados de alguna forma con tu concepto de hogar.

¿Qué te hace sentir protegido, cómodo, tranquilo y conectado?

¿Qué emociones relacionas a la palabra hogar?

¿Qué objetos te ayudan a conectar con esas emociones hogareñas?

¿Qué es familiar para ti y te genera paz?

En mi opinión, el hogar no se compra o se alquila, se construye con cada intención que se expresa en él. Su creación, junto a los seres queridos, es una forma de manifestar la esencia de la familia, tanto individual como colectiva.

No hay nada comparable a la sensación de encontrarse en el hogar

Al igual que lo nuevo facilita la expansión y los aprendizajes, lo familiar es maravilloso para integrar y suavizar la intensidad del entorno. Un hogar apropiado relaja el cuerpo, la mente, las emociones y el ser; permite la alineación favoreciendo la armonía con uno mismo. Dedica el tiempo necesario a construir ese hogar que te permita vivir mejor cada día.

Resumiendo...

Permítete conocer tus oportunidades

Es momento de ser curioso, investigar y experimentar: viajar a lugares diferentes, conocer a personas de diversos orígenes y ampliar la perspectiva de lo que puede ofrecer el entorno.

No es cuestión de salir a la aventura porque sí; consiste en abrirse a las posibilidades que presenta la vida ante ti

Si tu intuición te guía hacia algún lugar y tienes la oportunidad, seguramente allí te espera una experiencia que merece la pena vivir.

4. Cultura

La cultura es el despertar del hombre

María Zambrano

Si de algo puede presumir el ser humano es de la cultura que ha engendrado, el conocimiento manifestado en el arte y la ciencia. Cada día aprendemos y transformamos el legado de nuestra especie, que a su vez nos asiste para continuar en constante progreso. Tenemos la responsabilidad de comprender nuestra propia evolución a lo largo de los años, para honrar a todos los que han dedicado sus vidas a regalarnos los privilegios que disfrutamos en el presente. Además, la posibilidad de ser parte de la cultura de la humanidad está dentro de cada uno de nosotros.

¿Qué legado vas a dejar en la cultura para contribuir a las futuras generaciones?

Los talentos individuales pueden utilizarse para servir al colectivo y a la propia cultura, pero para ser suficientemente provechosos requieren de repetición e intención de excelencia; el diamante necesita ser pulido para brillar. La constancia en cultivarse a uno mismo es clave para conseguirlo.

El cultivo de la semilla interna

Ser una persona culta no es otra cosa que cultivarse a uno mismo. Los juicios y la mente estrecha niegan el aprendizaje, rechazan el conocimiento con potencial de expandir la inteligencia y las aptitudes. En nuestros días, disponemos de abundante información para cultivarnos internamente en los ámbitos preferidos; tan sólo hay que tener la voluntad de desarrollarse individualmente y permitirse integrar los conocimientos aprendidos. Para que la semilla dé sus frutos necesita agua, minerales y tiempo; las personas no somos diferentes. La cultura, la ciencia y la consciencia de uno mismo son el agua y minerales que permiten florecer y dar frutos en beneficio del colectivo, la humanidad.

Diversidad cultural

La diversidad cultural muestra diferentes formas de vivir, de pensar y de manifestar ideas. Es una evidencia de la riqueza y flexibilidad intrínseca del ser humano, que siempre tiene algo que aportar. Y todas las culturas pueden interaccionar entre sí y beneficiarse de ello.

Sin embargo, cuando una cultura impone la propia sobre las demás se rompe la armonía. No es posible fomentar la unidad eliminando la pluralidad y controlando a la población, en muchas ocasiones de forma forzada. Igualmente, si la cultura pretende permanecer eludiendo el cambio, quedará obsoleta, ya que sus propias costumbres no estarán adaptadas al contexto del momento. La unidad en la diversidad, dentro de una coherencia y respeto mutuo, facilita que las diferentes culturas se desarrollen a la vez e intercambien su información de forma beneficiosa.

4.1 Trinidad de la cultura

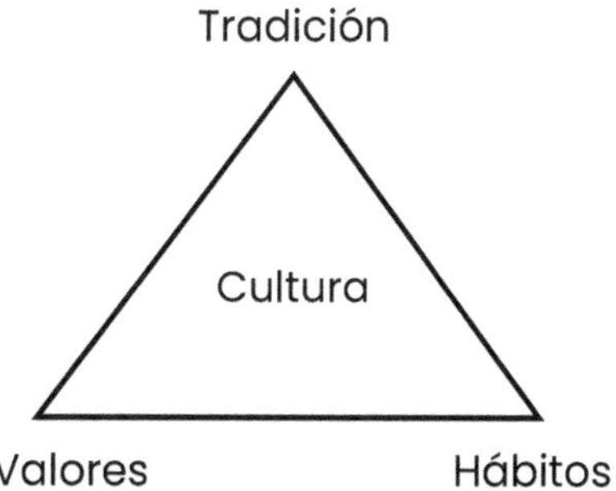

La influencia de la cultura de la localidad y el país –con las tradiciones, los valores y los hábitos colectivos- sobre sus habitantes es mayúscula. Si se puede elegir, es ideal que los valores y hábitos individuales estén alienados con los colectivos, con la intención de facilitar la integración y el sentimiento de pertenencia. Ser consciente de lo que es importante para el entorno y prestarle la debida atención desde una perspectiva humilde, facilita ser bien recibido en la gran mayoría de lugares del mundo.

4.2 Tradición

Sin tradición, el arte es un rebaño de ovejas que no tienen pastor. Sin innovación, es un cadáver

Winston Churchill

¿La tradición es un ancla o una lanzadera para el progreso?

La tradición es maravillosa siempre que permita un margen de adaptación y mantenga la esencia del mensaje que quiere transmitir. Por el contrario, cuando es rígida e inflexible, lógicamente perderá fuerza con el paso de los años ya que las nuevas generaciones no se sentirán parte de ella -la imposición no es especialmente atractiva. En el momento en el que la tradición abandona su rigidez y se abre al cambio y a la innovación, evidentemente aumentará su probabilidad de permanecer.

Cuántas personas han realizado sus tareas toda la vida de la misma forma, rechazando los avances que ha facilitado la tecnología; cuántas otras han caído en errores anteriores por no tener en cuenta la memoria histórica. La combinación del conocimiento tradicional, junto a la aplicación de las innovaciones actuales e incluso futuras es formidable.

La importancia de conocer los orígenes

El menosprecio a las culturas y tradiciones antiguas, además de revelar una soberbia infundada, rechaza todas las referencias históricas que han planteado conflictos similares a los actuales. Quizá los medios tecnológicos que tenemos a nuestra disposición son más sofisticados, pero, sin duda alguna, los problemas que se busca solucionar no son tan diferentes. Una vez el ser humano asegura su supervivencia, la gran mayoría de sus preocupaciones están relacionadas con la salud, las relaciones y la riqueza y, hasta el momento, el siglo XXI no es una excepción. Por este motivo, reflexionar sobre cómo se ha tratado de sobrepasar una dificultad anteriormente es de gran ayuda para conocer el origen y comenzar desde una referencia concreta. En muchas ocasiones, se arranca desde cero cuando ya existen planteamientos eficaces que simplemente requieren de adaptaciones o mejoras específicas.

La esencia de los problemas no cambia, es el contexto el que se renueva de forma constante. Por lo tanto, todo lo que ha funcionado anteriormente contribuye a generar abundancia si es adaptable al contexto actual. El patrimonio cultural de la humanidad es valioso y diverso, con muchas ramas de conocimiento a nuestra disposición. Ahora, es cuestión de ser prácticos y enfocarse en el conocimiento que necesitas.

¿Qué culturas han sido referentes en tu disciplina?

¿Qué personajes históricos han sido los más destacados en tu ámbito profesional?

¿Qué conocimientos antiguos son aplicables en la sociedad actual?

¿De qué forma se podrían combinar los conocimientos actuales con las prácticas antiguas para mejorar los productos y servicios vigentes?

Concibe lo nuevo abrazando lo viejo

Ábrete a recibir soluciones de los maestros que nos han precedido en el pasado.

Los patrones sociales

La cultura del lugar natal condiciona significativamente los patrones sociales asociados al entorno.

Las tradiciones difunden patrones sociales, de generación en generación, vinculados en su gran mayoría con la naturaleza o la religión. A su vez, las profesiones, el ocio y las tendencias sociales orientan hacia un estilo de vida concreto.

Sin embargo, su relevancia suele ser inferior a los patrones familiares heredados, puesto que la referencia de los padres es más influyente que la del entorno exterior. No obstante, conviene reflexionar sobre si algunas creencias limitantes están relacionadas con patrones sociales del entorno para así ser capaz de trascenderlas. El proceso es similar al realizado anteriormente con los patrones familiares.

4.3 Valores

El respeto por nosotros mismos y por nuestros valores debe anteponerse a cualquier temor o deseo de agradar

Walter Riso

Los valores no son otra cosa que las cualidades a las que se les otorga valor. Por este motivo son tan importantes, porque definen lo que es prioridad para ti a nivel personal y conductual. Son una guía que facilita orientarse hacia lo significativo, definen lo que es coherente para ti y muestran si tus actos son fieles a lo que eres.

La sociedad, al igual que cada individuo, posee unos valores. Generalmente, las leyes se encargan de que se respeten para facilitar la convivencia social. No se deberían obviar; considero importante prestarles atención porque la única forma de sentirse parte de una sociedad es respetando y compartiendo sus valores.

Los diferentes regímenes políticos en el mundo tienen gran influencia respecto a sus habitantes a todos los niveles. La forma de relacionarse, de desarrollar la actividad económica y la libertad de acción están predefinidas genéricamente por los sistemas político y legislativo. De igual manera, los valores sociales sirven de ejemplo para averiguar las preferencias comunitarias.

Anteriormente, has realizado la tarea de definir tus valores personales (si no es así, ahora nace otra oportunidad).

Relacionar tus propios valores con los valores sociales y estatales es una tarea muy interesante para averiguar tu grado de compatibilidad con el lugar donde vives.

¿Qué congruencia hay entre tus valores y los valores de la sociedad donde vives?

En la siguiente tabla observarás valores que conciernen al diseño del estilo de vida (puedes añadir alguno más si lo consideras). Dando por hecho que ya conoces los valores culturales del lugar donde vives o quieres vivir, puedes rellenarla, indicando si el valor es importante para ti y si el lugar lo expresa como estimas oportuno.

Valor	**¿Es importante? (Sí/No)**	**¿Cómo se expresa? (Bien/Mal)**
Libertad		
Control		
Seguridad		
Salud		
Coherencia		
Disciplina		
Eficiencia		
Ética		
Armonía		
Independencia		
Estabilidad		
Tiempo libre		
Relaciones sociales		
Familia		

4.4 Hábitos

Somos lo que hacemos día a día, de modo que la excelencia no es un acto sino un hábito

Aristóteles

Tras desarrollar extensamente la importancia de progresar, integrar los aprendizajes y trascender patrones limitantes, por fin llega la importancia de los hábitos, las acciones que generan estabilidad. Y es que, sin un proceso estable de expresión y experimentación no se podría trascender nada valioso. Los hábitos son como ese martillo que forja el metal minuto a minuto, día a día, con perseverancia y firmeza.

¿Tienes la disciplina necesaria para ser constante con los hábitos que te guían hacia la excelencia que buscas?

Es una pregunta que sólo puedes responderte tú mismo, y te recomiendo que lo hagas con amor propio y responsabilidad para tomar conciencia de su importancia.

En primer lugar, quiero acentuar la importancia del entorno en los propios hábitos. Considero que, aunque los hábitos estén relacionados con la autoexigencia, tienen un fundamento social. La siguiente frase de Jim Rhon lo explica muy bien: "Eres el promedio de las cinco personas que te rodean".

Sin embargo, creo que dentro de esas "cinco personas" hay dos sistemas que intervienen sin descanso. La influencia del sistema socioeconómico es constante y condiciona la toma de decisiones personal, profesional y social. De igual forma sucede con las tendencias sociales, que impulsan inconscientemente a actuar a través de lo que se observa en los demás.

Ahora, me gustaría que respondieras a esta pregunta:

¿Piensas que el sistema socioeconómico y las tendencias sociales te ayudan a evolucionar y a conectar con tu esencia individual?

Tu criterio es libre, por supuesto. Independientemente de tu respuesta, espero que seas afortunado y las tres personas restantes colaboren en que tus hábitos diarios sean provechosos. Me gustaría hacerte otra pregunta:

¿Crees que mejorarían los hábitos saludables de la población si estuvieran promocionados en la educación y el sistema socioeconómico?

Seguramente sí, pero, entendiendo que los sistemas son un reflejo de la propia sociedad, sería más adecuado comenzar cultivando al individuo para que influya en lo colectivo posteriormente. Comenzar la casa por el tejado no va a solucionar el problema.

Diseña tus hábitos de excelencia

La realidad actual es que los sistemas socioculturales no tienen como fin que desarrolles hábitos eficientes. Por lo tanto, tienes dos opciones:

1. Crear un sistema propio, basado en la autoexigencia, que te permita expresar tus hábitos de excelencia sin demasiadas interferencias.

2. Rodearte de un entorno cercano que potencie el estilo de vida y los hábitos que quieres expresar.

La segunda opción es mejor, pero no siempre es posible; y no conviene pretender cambiar a otras personas si quieres mantener una buena relación con ellas. En definitiva, la excelencia tiene un precio que debes estar dispuesto a asumir; es un proyecto a largo plazo en el que no se conciben atajos.

Quiero destacar, que si los hábitos elegidos están alineados con tu propia esencia y facilitan que te conviertas en la persona que verdaderamente eres, quizás recibas la recompensa más valiosa que puedas experimentar en la vida. Ahora, ¿estás preparado para diseñar tus hábitos de excelencia?

Crea un calendario semanal, con 10 acciones diarias que consideras que van a guiarte hacia un siguiente nivel. En este libro has podido reunir suficiente información, tanto interna como externa, sobre las acciones que bajo tu criterio te impulsaran a mejorar de forma eficaz y rápida.

		L	M	M	J	V	S	D
1								
2								
3								
4								
5								
6								
7								
8								
9								
10								

Preguntas resumen

- ¿Investigas el origen de un problema antes de buscar soluciones?
- ¿Percibes cómo influye la cultura del lugar donde vives en tu vida?
- ¿Están alienados tus valores con los valores socioculturales de tu entorno?
- ¿Expresas diariamente tus hábitos de excelencia?

5. Armonía externa

Adaptabilidad sin perder la autenticidad

Durante situaciones con alta exposición a entornos nuevos, en los que la confianza y la seguridad en uno mismo no son tan sólidas, la necesidad de sentirse integrado y valorado puede incitar a dejarse llevar por la fuerza del colectivo, otorgando excesivo valor a la identidad del grupo. No sirve de nada todo el trabajo de autoconocimiento realizado si a la hora de la verdad dejamos de ser fieles a nosotros mismos para seguir a las masas. ¿Qué sentido tiene?

No obstante, tras haber trabajado el autoconocimiento conviene tomar la decisión de cómo relacionarse con lo externo. La transformación personal que has llevado a cabo tiene consecuencias a todos los niveles: has trascendido, evolucionado, y resignificar lo que esperas dar y recibir durante la interacción con lo externo es primordial para dirigir la atención adecuadamente.

La libertad es absoluta, gozas de todas las posibilidades que puedas imaginar, aunque es conveniente que siempre estén guiadas por tu propia esencia. Tú tienes el poder de decidir como moldear la adaptación a tu entorno y de favorecer las interacciones que prefieres experimentar. Generalmente, cuando hay amor, confianza y alineación con los valores individuales las decisiones son oportunas.

Por último, me gustaría destacar la importancia de vivir en un entorno en el que te sientes parte del mismo.

Es absolutamente inspirador rodearte de personas que aportan ilusión, alegría y gozo a la vez que, estando establecido en tu ser, das y contribuyes a que otros sigan avanzando. Ese entorno existe siempre que permitas que llegue a ti; recuerda que convivimos más de 7.000 millones de personas en el planeta y que las redes ya están disponibles, todos estamos conectados.

Para sentir armonía con lo externo es indispensable percibir que eres parte de todo lo que te rodea y vivir en el presente. No olvides que la luz más fulgurante está dentro de ti, que eres todo lo que necesitas para experimentar felicidad y plenitud en la vida.

La fórmula mágica del entorno

Conocer › *Recibir* › *Experimentar* › *Filtrar* › *Integrar* › *Ser*

Recibir conocimiento; estar predispuesto a recibir todo lo que tiene que llegar y experimentarlo; filtrar lo que es beneficioso, y finalmente integrarlo dentro de tu ser para que forme parte de ti. Siguiendo esta fórmula, podrás aprender de todo lo que llegue desde fuera sin perderte dentro. Asimismo, en el caso de que te despistes, tendrás la capacidad de ser consciente de ello para regresar a ti.

Las malas rachas, los momentos en los que todo son obstáculos, son pruebas para que demuestres tu fortaleza y perseverancia. A su vez, los momentos buenos requieren de máxima atención, para no dejar de ser lo que te ha ayudado a conseguirlos.

Confía en que todo va a salir bien.

Confía en que van a llegar cosas buenas a tu vida.

Confía en que, aunque no lo parezca, el camino se va haciendo solo.

Confía en que vas a encontrar lo que necesitas.

Confía en tus aptitudes.

Puedes dirigir tu foco hacia lo malo o hacia lo bueno, y en ambos casos tendrás razón. Nunca olvides que todo en lo que pones atención crece. Te recomiendo que uses unas gafas que te enseñen lo mejor de la vida, con los pies en la tierra, acercando así a tu historia experiencias inolvidables que compartir.

LOS SUEÑOS DE IRIA III

Iria cumple 35 años. Podría parecer que está en la cresta de su vida, en un momento de máxima realización personal y de felicidad. Hace dos años nació su hija Sofía, y profesionalmente ha conseguido generar impacto de una forma más auténtica, creando una comunidad de personas que están en proceso o han superado su adicción a las drogas. Se siente pletórica y, a su vez, con deseos de seguir desarrollándose personalmente. Ya ha conocido el resultado de abandonar sus pasiones y no quiere volver a experimentarlo. Ese día, al irse a dormir, tenía claro que quería volver a hablar con Aarón durante su sueño...

—Hola Aarón, quiero preguntarte una cosa. Ahora mismo me siento muy feliz, creo que gracias a ti estoy aprendiendo el significado de las cartas que me muestras cada día. Tengo la impresión de vivir conectada, siendo fiel a mí misma. Pero aún siento que me falta algo que no alcanzo a comprender. ¿Puedes ayudarme? —dijo Iria con cierta inquietud.

—Claro, sabes que siempre estoy a tu disposición. Pero, tú ya sabes cuál es el siguiente paso, ¿verdad? —respondió Aarón.

—¿Existe la posibilidad, de que algún día yo misma sea capaz de elegir las cartas? —preguntó Iria, acelerada.

—Por supuesto, una vez hayas integrado y trascendido ciertos aprendizajes, algunas cartas aparecerán reveladas para que puedas elegir las herramientas que requieras para ese día concreto—confirmó Aarón.

—¿Qué necesito hacer para llegar a ese punto? Es decir, me siento plena a nivel profesional y personal y, además, ahora estoy generando un impacto social que considero muy positivo. Quiero seguir avanzando, pero realmente no sé cómo hacerlo—dijo Iria, dubitativa.

—¿Cuántas referencias tienes? —preguntó Aarón con brío

—¿Cómo?

—Si tuvieras que solucionar un problema, ¿cuántos planteamientos podrías idear para resolverlo?

—Bueno, normalmente con uno me es suficiente; e intento disponer de referencias prácticas para conocer su eficacia—respondió Iria, titubeante.

—¿Estás segura de que ese es el mejor planteamiento, la opción perfecta?

—Sé que funciona, pero también sé que hay muchas más opciones y quizá alguna incluso más eficaz—admitió Iria.

—Exacto. Y sin conocer y aceptar la mayoría de opciones que ofrece un concepto, o una idea, es imposible trascender su aprendizaje—explicó Aarón.

—Pero es un camino infinito, es decir, los conceptos tienen tantas manifestaciones posibles como interpretaciones.

—Así es. ¿Serías capaz de elegir la solución adecuada para cada caso clínico que llegue a ti?

—A día de hoy, me parece algo imposible—respondió Iria, abrumada.

—Entonces, no puedes elegir la carta con libertad, pues estás condicionada inconscientemente por tus experiencias anteriores y las emociones asociadas. En definitiva, tan sólo enlazas una solución a un problema de forma automática —aclaró Aarón.

—¡Vaya! Acabas de destrozar todos mis esquemas. Parece que aún me falta trabajo por delante—dijo Iria, desanimada.

—Bueno, es lo que querías, ¿no? Un aprendizaje constante. La cuestión no es solucionar un problema con un parche, sino eliminar su origen. Para ello, es imprescindible comprender la totalidad del contexto. Como bien sabes, tratar la adicción a la cocaína en el caso de una persona solvente económicamente, que consume la droga desde hace 6 meses, no es comparable a otra persona que está socialmente desahuciada, adicta desde hace siete años y sin recursos económicos. A simple vista, el problema es el mismo; sin embargo, la solución correcta es completamente diferente—justificó Aarón.

—Comprender y aceptar la totalidad para ser capaz de atender lo concreto, lo especifico, el origen—reflexionó Iria.

—Exacto. Y una vez comprendas cada caso concreto desde su origen, podrás crear una solución adaptada a la circunstancia. Una visión holística, ampliar la conciencia, conocer múltiples referencias de diferentes personas y culturas…es esencial si quieres tomar decisiones conscientes en tu vida. Independientemente de si es personal, profesional o social, la libertad requiere elección y sin opciones no es posible elegir. El conocimiento sobre diferentes herramientas aporta libertad, amplía el abanico de cartas que puedes utilizar en cada situación.

—Me siento aturdida. Me acabas de atizar con un duro golpe de realidad. Pensaba que estaba cerca de mis máximas capacidades y ahora me doy cuenta de que inicio el reto más complejo de mi vida.

—La vida es así. Cuanto mayor es tu capacidad, mayor es el reto que se presenta. El universo no contempla un final sin un inicio. Ahora, tras finalizar una etapa de gran autorrealización, comienza otra en la que debes entender los conceptos desde la armonía, aceptando sin juicios lo que te pueda aportar cada punto de vista del mismo.

—Acepto el reto, porque quiero ser capaz de elegir las cartas; porque quiero hacer conscientes mis propias decisiones; porque me siento afortunada de seguir recibiendo aprendizajes; porque quiero fluir con la vida sin generar resistencias—respondió Iria, decidida.

CUARTA PARTE

La armonía como estilo de vida

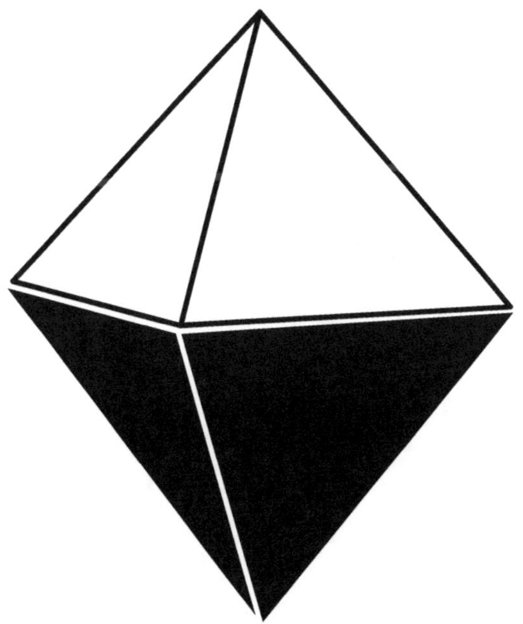

¿Te imaginas vivir cada día desde el equilibrio entre lo interno y lo externo?

¿Te imaginas sentirte completamente realizado a nivel personal, a la vez que compartes tu vida con un entorno maravilloso?

¿Te imaginas encontrar un equilibrio entre tu vida personal, profesional y social, que consideras excelente?

¿Te imaginas sentirte invencible?

¿Te imaginas fluir con la vida, de forma que todo sucede prácticamente sin esfuerzo?

No dudes de que puedes conseguirlo. Si tienes la capacidad de imaginarlo, es una posibilidad en tu vida. Eso sí, no olvides que el cambio es una constante. Disfruta los momentos que se acercan a la perfección, a la cresta de tu ola, a tu máxima armonía como ser, porque no son eternos. Seguro que llegan dificultades, momentos dolorosos que habrá que afrontar de la mejor forma posible. Independientemente de las circunstancias adversas, la única forma de conseguir el estilo de vida al que aspiras es mediante una vida consciente, enfoque, perseverancia y fidelidad a ti mismo. No te traiciones, ya que nadie te va a salvar de tus malas decisiones. Lo que te aleja de ti, te aleja de la vida que quieres.

El objetivo es permanecer próximo al centro del octaedro, en el lugar donde todo es armonía

Estabilizarse en el centro no es posible; existen infinidad de situaciones empujando en diferentes direcciones que no se pueden controlar ni remediar, pero sí que depende de uno mismo permanecer siempre cerca.

Fluir con la vida, aceptar los cambios y permanecer consciente de que los contratiempos no son más que oportunidades para aprender y evolucionar como persona.

1. La coherencia

Una persona coherente es una persona que actúa en consecuencia con sus ideas, que se expresa de forma auténtica, que muestra su identidad en el mundo.

Definir tu identidad es el primer paso para crear tu estabilidad y alcanzar tu armonía

Sin embargo, es extraño que una persona le preste la atención necesaria a definir su identidad. En consecuencia, toda la información que llega desde fuera y los objetivos a corto plazo toman el control. La información que llega desde los sentidos y las metas son referencias externas, que cambian constantemente, no generan estabilidad interna en el individuo. Cuando no existe una referencia clara a la que acudir en el momento en el que aparecen las dudas, ¿cuándo sabes si eres coherente? No hay forma de saberlo.

Cuando se comienza bien, ya está la mitad del trabajo hecho. Por este motivo, cuando una persona se conoce a sí misma y tiene una identidad clara, su capacidad para conseguir sus metas es mucho más elevada.

Entonces, será capaz de reconocer si sus acciones tienen coherencia con lo que quiere conseguir individualmente, sin dependencia de los estímulos que le llegan desde fuera. Cuando una persona está convencida de lo que es, sabe que los días buenos y los días malos no son un factor relevante. Siguen en la misma dirección porque conocen hacia donde se dirigen, no dudan.

Coherencia interna

Todo el trabajo que se ha realizado en la pirámide de la oscuridad tiene como objetivo encontrar tu identidad. Ahora vamos a ser más finos y, además, vamos a buscar que las cuatro caras de la pirámide estén alineadas.

En la siguiente imagen podrás observar de forma muy visual la diferencia entre una persona que tiene sus niveles alineados y, al contrario, una que los tiene desalineados.

(Niveles alineados) *(Niveles no alineados)*

¿Quién piensas que será más eficaz a la hora de dirigir su atención, de concentrar sus acciones en la misma dirección y de utilizar de forma más eficaz su energía?

La imagen es clara y no admite debate, la persona con sus niveles alineados es más eficaz en sus esfuerzos y su foco de acción es total.

Ahora, ¿qué significa tener los niveles alineados?

Muy sencillo, que exista coherencia entre ellos. Con este ejemplo lo vas a entender a la perfección en un santiamén.

	Niveles alineados	**Niveles no alienados**
Ser espiritual	Soy una persona sincera	Soy una persona sincera
Emoción	Me comunico con los demás respetando mi punto de vista y tratando de ofrecer lo mejor de mí	Me comunico buscando satisfacer a los demás para facilitar conversaciones agradables
Mente	Cuando razono, respeto mi propia identidad y tomo decisiones en concordancia con la misma	Cuando razono, pienso en las tendencias actuales para buscar el máximo beneficio
Cuerpo	Realizo las acciones que me dirigen a las metas que yo mismo me he propuesto	Realizo las acciones que me ayudan a tener éxito en mi entorno social

Como podrás observar, la persona alineada sigue una coherencia clara en cada uno de sus niveles.

Desde su afirmación en el ser espiritual de ser una persona sincera, se relaciona con los demás, piensa y actúa respetando su identidad, sin tener reparos en compartir su opinión y en ser consecuente con sus propias ideas.

En cambio, la persona no alineada se relaciona con los demás, piensa y actúa con claras referencias externas, que se anteponen a su propia identidad de ser una persona sincera cuando lo considera necesario.

En la sociedad es posible que las dos personas tengan el mismo éxito, o incluso que la persona que no está alineada tenga más éxito, pero no deja de ser un resultado externo.

Cuando una persona no es coherente, sufre. La traición a uno mismo genera incomodidad, quiebra las bases, se pierde el sostén y la seguridad de saber quién eres.

Tener éxito a nivel social es algo bueno siempre que se consiga de una forma coherente y que produzca felicidad.

Ahora, la decisión es tuya. ¿Qué eliges?

1. Definir mi identidad y ser coherente con ella en cualquier circunstancia. Ser respetuoso y tener la voluntad de aportar de forma positiva en mi entorno.

2. Poner mi atención en lo que sucede a mi alrededor para adaptarme a las situaciones de forma que pueda obtener el máximo beneficio.

Quiero recordar que evolucionamos y cambiamos de forma constante. Es necesario que nos adaptemos a los diferentes sucesos que ocurren durante la vida siempre que dichas adaptaciones no traicionen la propia identidad.

La coherencia interna crea tu verdadero camino, además de mostrarte cuando te has salido del mismo.

Coherencia externa

Una vez que la identidad está clara y se siente armonía en todos los niveles, conviene expandirlo hacia fuera para facilitar su expresión.

No nos engañemos, es complicado respetar tu identidad en un entorno que te castiga cada vez que actúas según tus propias ideas. Por lo tanto, si tienes la posibilidad, busca entornos donde facilites tu coherencia interna.

En la siguiente imagen veremos lo que sucede cuando una persona con sus niveles alineados se expone a un entorno coherente o incoherente.

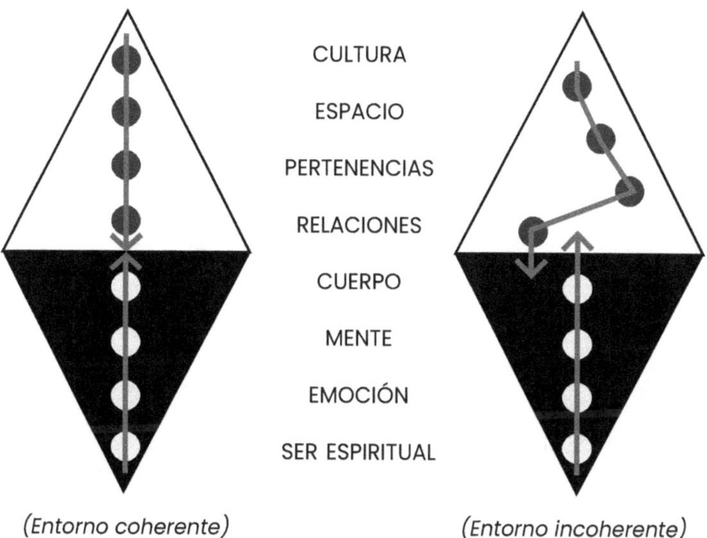

(Entorno coherente) *(Entorno incoherente)*

Como se puede observar, el individuo que vive en un entorno incoherente recibe una información externa muy diferente a la que proyecta desde sí mismo. Además, no existe una coherencia entre los diferentes niveles de la pirámide exterior.

Si es tu caso, tienes dos opciones:

1. Buscar la forma de adaptar tu entorno para que la información externa se acerque más a tus propias ideas

2. Buscar un entorno más afín a tu estilo de vida

El individuo que vive en un entorno coherente recibe una información externa que está alineada con su propia identidad. A efectos prácticos, es como ir en un tren de alta velocidad. La coherencia interna y externa están en armonía. Tan solo queda mantener ese estado y fluir para disfrutar de una vida llena de gozo y felicidad.

2. ¿Existe la libertad?

Cuanto más limitada es la conciencia de un individuo, menor es su capacidad de tomar las decisiones correctas

Tony Nader

¿Existe el libre albedrío?

Vivir de forma consciente es la única forma de actuar con libertad y, aun así, un gran porcentaje de reacciones y decisiones serán completamente inconscientes. No obstante, mientras el ser humano tenga la oportunidad de decidir, existirá la libertad. El nivel de conciencia individual determina en gran medida si el abanico de opciones es amplio y conocido, o escaso e ignorado.

Cuanto más estrecha sea la conciencia, menor será el rango y el grado de libertad; cuando la conciencia es limitada, la libertad es limitada

Tony Nader

Es evidente que gozamos de libertad, si no fuera así todas las manifestaciones serían cíclicas y se repetirían constantemente sin posibilidad de cambios. Sin embargo, existen restricciones a la libertad:

1. Interiores: limitaciones de la propia conciencia

2. Exteriores: influencias y repercusiones de las acciones sobre uno mismo

¿Quieres ser libre?

Eleva tu nivel de conciencia y conoce la ley causa-efecto. Toda acción produce una reacción, y para predecir con mayor probabilidad ese resultado es fundamental desarrollar una gran capacidad de percepción y comprensión de todo lo que te rodea. La libertad precisa de interpretación, razonamiento y elección, siempre bajo un criterio propio.

Ser libre no significa hacer siempre lo que se desea; eso denota estar bajo el completo dominio de las emociones. En muchas ocasiones, hacer lo que se desea no es una elección, es un impulso, y por lo tanto no es libertad.

Apuesta por tu libertad, por la verdadera, en la que puedes decidir ser fiel a ti mismo.

3. Experimenta tus propios límites

La única forma de conocer tus verdaderos límites es permitirte experimentarlos

Quizás, el único aspecto negativo relacionado con la gran cantidad de opciones que se puede llegar a alcanzar es que es imposible obtenerlas todas. Inevitablemente, las diferentes elecciones personales te guían hacia versiones de ti completamente diferentes. No obstante, lo que es indiscutible es que para descubrir la excelencia es necesario experimentar los límites de lo que se puede llegar a conseguir.

¿Qué necesitas para conocer tus propios límites?

Naturalmente, depende de las características específicas de aquello que se quiere lograr. De cualquier forma, los siguientes aspectos ayudan a conseguirlo en la mayoría de los casos.

Ambición. La ambición, entendida como la voluntad de mejorar cada día, es fundamental. La emoción vinculada a ese progreso constante es un potente impulso para romper barreras y seguir avanzando.

Dedicación: Imagina a un pianista que casi nunca toca el piano o a un escritor que escribe un día al año. Es completamente imposible que las personas que no dedican tiempo a investigar, practicar, crear, dialogar, entrenar, etc....dentro de su especialidad puedan alcanzar su máximo rendimiento. Hay maneras más eficaces que otras, pero la dedicación es innegociable en el camino hacia la excelencia.

Enfrentar tus miedos: Romper límites, en la mayoría de los casos, es romper miedos y creencias limitantes. "Eso es imposible"; "no soy capaz"; "nadie lo ha hecho antes"; "me falta talento"; "quién soy yo para ayudar a este grupo de personas" son frases que seguro han aparecido por tu mente en alguna ocasión en la que el miedo te ha alejado de un reto importante. Es una posibilidad que el pensamiento sea cierto, pero no lo sabrás hasta después de probarlo. El enemigo más espinoso está dentro de cada uno de nosotros.

¿El talento es indispensable?

Desde luego que el talento es una ayuda estimable. Los talentos innatos son aceleradores, permiten ir más rápido que la mayoría de las personas. Sin embargo, no he querido añadirlo como indispensable, porque existen casos en los que la dedicación, la ambición y la fortaleza mental han superado con creces al talento. No utilices la falta de talento como una excusa, porque realmente ahí no está el problema. Quizás no puedas ser el número uno, pero sólo lo sabrás de verdad cuando hagas todo lo posible para intentarlo.

¿Qué experiencia es la que más te gustaría vivir? ¿De qué forma podrías conseguirlo con tus capacidades? ¿Cuáles son tus talentos individuales?

Saber que es imposible experimentar todos tus límites es frustrante, pero no llegar a conocer ninguno es lamentable

Elige uno y consíguelo a través de la ambición, la dedicación y el vencer tus propios miedos. Regala al mundo algo que sólo tú puedes aportar.

4. El caballero gris

En cualquier juego, lo normal es situarse en el bando de los buenos o en el de los malos. Ser el paladín de la luz o el caballero negro.

Pero, ¿dónde están los grises?

Esos seres que se preocupan de integrar todo lo que existe, de buscar la armonía, de conectar todo con todos.

¿Por qué a nadie le gusta la tarea de balancear los extremos desde un punto de vista central, sin luchas ni conflictos?

Quizás porque es lo más complejo.

El paladín lo tiene claro, vencer a la oscuridad. El caso del caballero negro es exactamente opuesto, vencer a la luz. Por otro lado, la tarea del caballero gris consiste en enseñar al paladín y al caballero negro que cada uno puede vivir acorde a sus valores, sin necesidad de imponer los suyos sobre los demás. No cabe duda de que es una propuesta mucho más consciente, menos impulsiva, más conciliadora, pero que requiere de muchas más habilidades comunicativas, empáticas y emocionales.

Algunos pensarán que es un planteamiento idealista, pero... Somos seres conscientes, ¿no?

¿No es nuestra responsabilidad ser capaces de comprender todos los aspectos de la diversidad?

¿No es inconsciente que el paladín luche contra la oscuridad, simplemente porque es oscuridad?

Creo firmemente que estamos en el camino hacia una sociedad creciente en seres conscientes, que procuran integrar toda la gama de colores, aprendiendo sobre cada uno de ellos. A mí me apasiona esta posibilidad y, si has llegado hasta aquí, no tengo ninguna duda de que el sentimiento es mutuo.

Todos los puntos de vista son importantes y pueden aportar en diferentes situaciones. Conocer el blanco y el negro desde un planteamiento neutral favorece una vida sin luchas ni resistencias.

5. Honra a tu pasado

¿Has tenido experiencias dolorosas?

¿Has hecho cosas de las que no te sientes orgulloso?

Bueno, que tire la primera piedra el que responda rotundamente NO a estas preguntas.

Realmente, la pregunta importante es esta:

¿Has integrado el aprendizaje de tus experiencias más relevantes?

Durante la vida el camino no es lineal y cada persona percibe de forma única los acontecimientos que van sucediendo a lo largo del tiempo. La única responsabilidad bajo control es la voluntad de mejorar y aprender de cada experiencia; el resto está fuera de alcance. Por lo tanto, honra a tu pasado; gracias a él has podido obtener todas las herramientas vitales que están a tu disposición ahora mismo.

El pasado forma parte de ti, de tu trayectoria, de tu historia; aceptarlo sin resistencias es fundamental para trascenderlo. Además, el pasado no define quién eres, tan sólo relata acciones que hiciste anteriormente.

No tiene ningún sentido rechazar lo que eres, puesto que no puedes ser otra cosa

Todas las personas tienen la capacidad de transformarse. La identificación intensa con el pasado y/o el ego dificulta la evolución, puesto que se potencia la creencia de tener unas características o capacidades concretas, que pueden llegar a ser limitantes.

Eres una persona única y tu naturaleza es evolucionar. El pasado es una referencia, pero no tienes necesidad de apegarte a él.

La aceptación desde el amor de todas tus experiencias puede servirte de guía para desvelar tu siguiente paso.

Ama tu pasado y comprométete a aprender sus valiosas lecciones

6. La vía negativa

Si sólo sumas acciones, pierdes tiempo y salud.
Si restas lo que perjudica, ganas tiempo y salud

Los días disponen de 24 horas; es una constante que no se puede alterar. Por lo tanto, el objetivo no es hacer muchas cosas, sino ser capaz de elegir las que realmente son importantes. Las dinámicas de solucionar problemas añadiendo acciones conducen a ansiedad y frustración.

Imagina que quieres perder cinco kilos. Para ello, comienzas a entrenar fuerza, caminar una hora al día, comer saludablemente y descansar un mínimo de siete horas diarias. El planteamiento es efectivo y se consigue el objetivo en dos meses. Es un éxito total...a no ser que una vez se ha alcanzado la meta, se abandonen los hábitos positivos porque ya no son una prioridad. La adherencia del plan no ha sido realista a largo plazo y la consecuencia es que dos meses más tarde vuelven a aparecer esos cinco kilos de más en la báscula. Tras dos meses de ciertos sacrificios se ha vuelto al punto inicial, sin ninguna recompensa.

Aun así, lo peor no son los cinco kilos; lo verdaderamente doloroso es el peso de la ansiedad, la frustración y la decepción que se sienten al fallarse a uno mismo.

¿Solución? La vía negativa.

Es un concepto -que conocí gracias a Nassim Taleb- que consiste básicamente en eliminar lo que perjudica o quita tiempo sin aportar nada a cambio.

Algunos ejemplos son los siguientes:

Ver las noticias Mal humor

Mala alimentación Empeora la salud

Personas que hacen daño Baja autoestima

Procrastinar Baja productividad

Seguro que, en alguna ocasión, tras una comida copiosa, has hecho más ejercicio para compensarlo. Tu cuerpo hubiera agradecido comer algo menos y una carga de entrenamiento adecuada, para no aumentar el estrés fisiológico. Con este planteamiento, ganas tiempo y salud.

Las recompensas a corto plazo arrebatan las recompensas a largo plazo, que suelen ser mucho más valiosas. La excepción no es un problema hasta que se convierte en un hábito

Realiza un ejercicio de consciencia sobre todo lo que haces y no te aporta nada o es completamente prescindible en tu vida. Vacía esos huecos y déjalos libres para obtener tranquilidad y tiempo libre. En su momento, decidirás a qué dedicar ese tiempo de manera fructífera.

La armonía es favorecida cuando tienes la capacidad de elegir lo que quieres sin ser esclavo de los patrones y emociones que no forman parte de ti, que no te ayudan realmente a sentirse bien o son insuficientes. Asimismo, la obligación autoimpuesta de compensar las acciones improductivas complica el hecho de que puedas alcanzar una constancia saludable. Los autocastigos acaban en desequilibrios emocionales, por lo que son absolutamente inadecuados.

Disfrutar ocasionalmente de placeres a corto plazo sin caer en la tentación de que se conviertan en la norma todos los días es una forma de equilibrio.

En definitiva, solucionar problemas suprimiendo el origen es más eficaz que buscar acciones que los resuelvan. Hacer menos, en muchas ocasiones, es conseguir más.

7. Misión y propósito

La pregunta del millón es: ¿para qué he venido a este mundo?

Y la respuesta es muy simple: a vivir y a ser tú mismo.

La misión es el camino, el sendero que conduce hacia el propósito de vida. Si deseas llegar al propósito muy rápido, probablemente llegues apresuradamente tras un tortuoso viaje lleno de sufrimiento y exigencia.

Disfrutar del proceso y asimilar correctamente los aprendizajes es fundamental. Si no es así, las herramientas obtenidas estarán oxidadas, estropeadas, y no se podrán utilizar adecuadamente.

Los aprendizajes requieren tiempo para integrarlos y trascenderlos; respetar la evolución natural de las cosas y aceptarla también es parte de las enseñanzas. Cuando se fuerza para llegar deprisa al propósito pueden ocurrir dos cosas:

1. Llegar a un lugar que no es para ti

2. Obtener el propósito siendo incapaz de comprenderlo, puesto que los aprendizajes no han sido integrados

La cuestión no es llegar el primero, sino aprenderse bien la lección y dejar un legado coherente con lo que eres

Actualmente, es frecuente que las personas busquen resultados inmediatos. Seguro que alguno de estos ejemplos te resulta familiar:

- Si me encuentro mal, me tomo una pastilla
- Encontrar la mejor oportunidad en bolsa o el chollo inmobiliario
- Aprender en el menor tiempo posible la máxima cantidad de contenido
- Viajar al máximo número de países cuanto antes
- Ascender cuanto antes en el puesto de trabajo
- Tener casa, coche, pareja e hijo antes de cierta edad

Perfecto; pero, ¿para qué lo haces? ¿Conectas realmente con esos objetivos? ¿Las emociones que te aporta son hacia ti o hacia los demás?

Llegar muy rápido a un lugar que no es para ti es doloroso, por mucho que esté validado en el entorno social. La dedicación y el esfuerzo invertido lejos de la esencia y los propios valores nunca se verán compensados.

¿Quieres ir rápido, cumplir tu misión y llegar a tu propósito?

Aunque sea contraintuitivo, ve despacio. Otórgale el valor que se merece al largo plazo y escucha, observa, percibe lo que el mundo te muestra. Paso a paso, asimilando cada aprendizaje y asumiendo cada nuevo reto.

Las prisas y las exigencias siempre llegan desde fuera, no desde dentro. No consiste en ser pasivo, sino en demostrar que posees la confianza de que vas a llegar a tu destino, aunque desconozcas el cómo y el cuándo

Si lo consigues, tu misión y propósito se cumplirán sin esfuerzo. Los árboles no sufren para crecer; los animales o los insectos buscan cada día los recursos que necesitan sin quejarse; los seres vivos están programados para evolucionar, es ley natural.

La ayuda externa puede ser muy útil en muchos momentos, pero la que tiene más potencial es la que nace dentro de ti. Los gobiernos y los sistemas sociales tienen sus propios objetivos y normalmente no van alineados con los tuyos. Sucede lo mismo con las personas, cada individuo recorre su propio camino. Lo único externo que puede facilitar tu tarea es rodearte de un entorno potente que te permita ser quién eres y estabilizarlo en ti.

8. El vacío-El sinsentido

Todo va, todo vuelve, la rueda de la existencia gira eternamente. Todo muere, todo vuelve a florecer, el ciclo de la existencia prosigue eternamente. Todo se quiebra, todo vuelve a recomponerse; eternamente se va construyendo el edificio del ser

Friedrich Nietzsche

Si independientemente de nuestros actos acabaremos siempre en el mismo lugar... ¿para qué vivimos?

Cada vez que finaliza una etapa, aparece el vacío y vuelves a ti, donde no hay nada y sólo sientes ausencia. En esos momentos de máximo sinsentido es cuando realmente eres capaz de generar las grandes transformaciones de tu vida.

Una vez que se finaliza el camino del octaedro, se actualiza y vuelve a comenzar. Es un ciclo constante que nunca acaba, porque la vida es evolución y no se comprende sin una voluntad constante de progresar.

Olvídate de la ilusión de la seguridad o el control. No existen. Es imposible predecir lo que va a suceder, y para actuar de forma eficaz lo único que necesitas es estar anclado al presente. Las proyecciones a futuro pueden ayudar en momentos concretos, pero no dejan de ser ilusiones, ideas creadas por tu mente.

Por lo tanto, permanece receptivo al cambio. Nunca pienses que ya has hecho suficiente, que ya has cumplido o que has alcanzado tu techo. En el momento en el que esas ideas aparezcan en tu cabeza, asegúrate de dejarlas ir o prepárate para sufrir. Desde luego, te recomiendo la primera opción.

Además, no te quites mérito, pues el camino realizado tiene un gran valor. Tu autorreferencia es muy diferente después de experimentar un proceso de transformación que te permite crecer en todos los niveles de tu vida. Tus sentidos perciben diferente, tu mente piensa diferente, tu respuesta emocional ha cambiado, y tu identidad es más clara.

Date un tiempo para disfrutar de los frutos del camino recorrido, pero no te descuides demasiado. No dudes que pronto aparecerán nuevos retos que te van a exigir comenzar otra vez, y estar preparado siempre es de gran ayuda.

9. Recuerda las fórmulas mágicas

Fórmula mágica del autoconocimiento

Soltar › *Silencio* › *Escuchar* › *Intuición* › *Expresar* › *Ser*

Fórmula mágica del entorno

Conocer › *Recibir* › *Experimentar* › *Filtrar* › *Integrar* › *Ser*

Fórmula mágica de la armonía

Conciencia › *Fluir* › *Trascender* › *Unidad* › *Conciencia*

10. Soltar, fluir, vivir

Imagina que tienes una mochila en la espalda cargada con todos los apegos y emociones que has experimentado durante la vida. La mochila, inevitablemente, pesará cada día un poquito más a consecuencia de los sentimientos que se van acumulando.

¿De qué forma puedes liberarte de esa carga?

Soltando.

¿Y qué es soltar?

Integrar y trascender, finalizar el capítulo.

Cuando una historia, una emoción o una expectativa no es integrada y se queda "a medias", se convierte en un lastre hasta que se atiende correctamente. Para soltar es imprescindible comprender el mensaje que comunica y deducir que la información ya no es necesaria, porque ya se ha entendido. En ese momento, y no antes, se podrá trascender y soltar. Entonces, la piedrecita se cae de la mochila, liberando peso y espacio.

Gracias a soltar se puede:

- Recibir lo nuevo
- Sentir liberación, energía, naturalidad

Los apegos a personas, pertenencias, creencias, emociones generan cargas y limitaciones que frenan el propio desarrollo.

El amor no pone condiciones a las personas; el amor se basa en lo que es, lo acepta, y también entiende que puede cambiar en cualquier momento.

Soltar apegos es ganar espacio para vivir con más energía amando las cosas como son.

Fluir es estabilizar un estado interno que armoniza con tu esencia individual, es permitirte expresarte en el mundo como tú eres.

Vivir es disfrutar de la vida y todo lo que te ofrece sin esperar nada a cambio. El valor de la vida está en el valor de la experiencia.

11. Decálogo para diseñar tu estilo de vida

Recorre el sendero con calma, seguridad y confianza, ya que lo que vas a encontrar y es para ti nadie te lo va a quitar

1. Sé fiel a ti mismo
2. Vive prestando atención a tu autoconocimiento
3. Alinea cuerpo-mente-emociones-ser
4. Expresa confianza, pasión y autenticidad
5. Experimenta constantemente cosas nuevas
6. Integra y transciende los aprendizajes
7. Suelta lo que ya no es para ti
8. Conecta con un entorno que te permita ser tú mismo
9. Vive sin juicios
10. Contribuye a crear un mundo mejor a través de tu misión y propósito

LOS SUEÑOS DE IRIA IV

Han pasado 20 largos años, llenos de experiencias de todo tipo. Iria y Manuel han formado una familia maravillosa con sus dos hijos, Sofía y Tomás. Los periodos de abundancia se han alternado con algunos otros de dificultad, pero, generalmente, han respondido satisfactoriamente a los desafíos que les ha presentado la vida. Iria se siente cultivada y feliz, pero a su vez aterrada. Es consciente de que, en el próximo sueño, debe hablar nuevamente con Aarón.

—Hola Aarón, necesito confesarte los pensamientos que vienen a mí constantemente estos días—dijo Iria, pausadamente.

—Adelante, Iria.

—Desde hace 11 años, soy capaz de elegir la gran mayoría de cartas que me presentas. La elevación de mi nivel de conciencia me permite comprender, sostener las ideas y escoger con mi propio criterio.

—Aun así, sientes que falta algo—dijo Aarón, sugerente.

—Exacto.

—Quieres saber qué soy yo.

—Sí. Deseo saber el motivo por el cual has nacido en mi mente, por qué no les ocurre a otras personas, por qué has aparecido en mis sueños desde que tengo 9 años—

dijo Iria, temblorosa.

—Ya lo sabes, pero esperas que te lo confirme. Aunque eres consciente de que realmente es una autoafirmación—respondió Aarón, con calma.

—Eres la representación de mi percepción—dijo Iria, firme.

—Sí, soy el ser que has creado para interpretar tu percepción, soy la guía de tu conciencia, a disposición de tu mente.

—Y ahora es momento de integrarte dentro de mí, para ser yo misma la que cree mi percepción y todas sus posibilidades—respondió Iria.

—Si es lo que consideras oportuno, así será, pues tú tomas las decisiones. Me has creado inconscientemente, y ahora puedes integrarme dentro de ti conscientemente—dijo Aarón con dulzura.

Iria se sentía extraña, pero a la vez osada. Para ella, enfrentarse a Aarón era un reto que debía afrontar y superar. Se sentía muy agradecida por todo lo que le había aportado, pero ya era momento de tomar las riendas de la situación.

—Será raro dejar de soñar contigo cada mañana.

—Sí. Pero sabes que tu voluntad es dejar de delegar a un personaje inventado las herramientas que puedes utilizar en tu vida.

—Me has ayudado tanto a crecer que siento que estoy en deuda contigo—dijo Iria, apenada.

—Recuerda que has sido tú misma la que ha encontrado

las soluciones. Yo, a pesar de ofrecerte cada día lo que necesitabas, he sido todo este tiempo tu propia herramienta de autoconocimiento—explicó Aarón.

—Y gracias a ti, he podido y sigo desarrollando una vida consciente bajo un estilo de vida que me permite vivir en armonía.

—El agradecimiento es mutuo, pues sin ti jamás hubiera existido. De igual forma he disfrutado observando tu evolución todos estos años.

—Es momento de despedida, aunque realmente vamos a estar más unidos que nunca—dijo Iria, satisfecha.

—Así es, porque tú eres yo y yo soy tú. Realmente siempre hemos sido lo mismo, la separación ha sido la única ficción—expresó Aarón, relajadamente.

—Desde este momento decido integrarte dentro de mí para ser yo misma la que crea el abanico de cartas, mis propias herramientas y posibilidades, aceptando todas las consecuencias de mis propios actos—dijo Iria, rebosante de alegría.

Iria jamás volvió a soñar con Aarón, fue capaz de coger el testigo y aceptar la responsabilidad de su percepción y sus propias decisiones. Gracias a su proceso, tenía las suficientes herramientas para permanecer en armonía durante la mayor parte de su vida. Cuando llegó la muerte la aceptó con gusto, porque no deja de ser un final hacia el siguiente inicio.

Epílogo

Llegamos al final del libro. Espero de corazón que hayas definido tu estilo de vida. Recuerda que cada parte del octaedro actúa por sí misma a la vez que interactúa con todas las demás continuamente. La división es útil para comprender los conceptos por separado, pero realmente forman parte de lo mismo.

Comenzar desde el interior requiere de un periodo de soledad, introspección, oscuridad, para encontrarse a uno mismo. El renacimiento que manifiesta la esencia individual precisa limpiar una capa de mugre que no deja brillar. No es un proceso fácil; pero las grandes recompensas se ganan tras compromisos de igual calibre. Una vez que has conectado con la conciencia serás incapaz de volver a la vida que tenías antes.

¿Hay algún premio más grande que vivir la vida que quieres regalando tu mejor versión al mundo?

En el momento en el que brillas dentro estás preparado para irradiar tu luz fuera. Generar una contribución a la sociedad desde tus mayores talentos es una posibilidad cuando consigues alinear los valores personales con tu propósito y estilo de vida.

El sendero comienza desde dentro, va hacia fuera y finaliza en el centro, donde vuelve a comenzar

Muchísimas personas viven sus vidas cómodas, bajo una falsa percepción de control y satisfacción superficial que nada tiene que ver con lo que realmente son. En consecuencia, acaban prefiriendo un "suficiente" antes que aspirar al "excelente" y, cuando se quieren dar cuenta, ya es demasiado tarde para cambiar; la vida se acaba y con ella la oportunidad. Todo son ciclos en constante cambio: rechazar esta realidad conduce a una estabilidad antinatural y ficticia que te desconecta del entorno y de ti mismo.

La vida la construyes tú en base a tu percepción; todo lo que necesitas para vivir en plenitud está dentro de ti. Cuando surjan las dudas, recuerda el octaedro que has fabricado. Sé fiel a tu estilo de vida permitiendo la adaptación y aceptando el cambio. Es muy sencillo, sólo tienes que *soltar, fluir, vivir.*

Agradecimientos

Ninguna de las experiencias de mi vida hubiera sido posible sin las personas que me han acompañado.

Gracias a mi familia por ser pilar de sostén y por ofrecerme todas las posibilidades que he podido elegir. A mi madre Pilar por su amor incondicional, a mi padre Juan por ser referencia, a mi hermana Raquel por estar siempre disponible y a mi hermano Juan por todo lo compartido juntos.

Gracias a todos los clubes deportivos que me han permitido crecer y desarrollarme como profesional. Desde la Red Deportiva Yecla donde comencé, hasta Maristas Valencia, El Pilar Valencia y con especial cariño al CEB Liria. Un fuerte abrazo a todos los presidentes, coordinadores, entrenadores, fisioterapeutas, preparadores físicos, y colaboradores con los que he compartido equipo. Gracias a vosotros he aprendido mucho y hemos podido compartir momentos únicos en el deporte.

Gracias a todas las personas que confiaron en mi como entrenador personal. Mención especial a Cristina Todo y a Diego Moyá, que fueron palancas muy importantes para crecer y estabilizarme en Valencia.

Gracias a Laura Tévar y a Rubén Sánchez, por su confianza y por enseñarme la importancia de evolucionar y ser coherente con uno mismo.

Gracias a todas las personas que han colaborado en el libro. Inma Montagud, como lectora beta y fuente de motivación; Ángel Polo por sus ilustraciones y Miryam López en la corrección del libro.

Gracias a Alicia Bordell por ser luz y vida en cada uno de mis días. Gracias a la vida por presentarnos en circunstancias tan especiales.

Gracias a todas las personas con las que he podido compartir y que me han enseñado diferentes perspectivas de la vida.

Confío en que este libro devuelva parte de todas las maravillas que he recibido hacia el universo, y que sirva como impulso para que muchas personas desarrollen un estilo de vida coherente y armónico consigo mismos.

Si lo puedes pensar y te lo crees, lo puedes crear.

Gracias, gracias, gracias.

Bibliografía

Libros

- Douillard, J. (2001) *Body, Mind, and Sport: The Mind-Body Guide to Lifelong Health, Fitness, and Your Personal Best.* Editorial Harmony Books.

- Dweck, C. (2016) *Mindset.* Editorial Sirio.

- Goleman, D. (2011) *Inteligencia Emocional.* Editorial Kairós, S. A.

- Harari, Y.H. (2016) *Sapiens, de animales a dioses.* (8ª ed.) Penguin Random House Grupo Editorial.

- Harung, H. S. y Travis, F. (2016) *Excellence through Mind-Brain Development: The Secrets of World-Class Performers.* Editorial Routledge.

- Hawkins, D. R. (2014) *Dejar ir: El camino de la liberación.* Ediciones El Grano de Mostaza S.L.

- Holick, M. F. (2020) *La vitamina de la felicidad: La solución de la vitamina D para mejorar nuestra salud física y emocional.* Editorial Grijalbo.

- Nader, T. (2021) *Un océano ilimitado de conciencia.* Penguin Random House Grupo Editorial.

- Ober, C., T. Sinatra, S. y Zucker, M. (2014) *Earthing: the most important health discovery ever!* Editorial basic health publications, Inc.

- Puig, M. A. (2021) *Resetea tu mente. Descubre de lo que eres capaz.* Editorial Espasa.

- Samsó, R. (2011). *100 preguntas que cambiarán tu vida en menos de una hora.* Editorial obelisco

- Stro, C. y Stro, R. (2019) *Dieta cetogénica: El protocolo de una alimentación efectiva.* Autoedición.

- Taleb, N. N. (2013). *Antifrágil.* Editorial planeta.

- Tolle, E. (2001) *El poder del ahora. Una guía para la iluminación espiritual.* Gaia Ediciones.

- Vázquez, M. (2021) *Saludable mente: Hábitos para optimizar tu cerebro y mejorar tu salud a cualquier edad.* Editorial Grijalbo.

- Vázquez, M. (2019) *Invicto: Logra más, sufre menos.* Fitness Revolucionario.

Páginas web

- Historia del pádel. **https://www.mundipadel.com/historia-del-padel** [2021]

- Jornada de ocho horas. **https://es.wikipedia.org/wiki/Jornada_de_ocho_horas** [2021]

- Robert Owen. **https://es.wikipedia.org/wiki/Robert_Owen** [2021]

- Las empresas de alimentación que controlan el mercado en España y el mundo. **https://www.consumer.es/alimentacion/multinacionales-alimentacion-controlan-mercado.html** [2021]

- List of the largest fast food restaurant chains **https://en.wikipedia.org/wiki/List_of_the_largest_fast_food_restaurant_chains** [2021]

- Dormir bien **https://medlineplus.gov/spanish/healthysleep.html** [2021]

- Vuelta a la naturaleza **https://www.fitnessrevolucionario.com/vuelta-a-la-naturaleza/** [2021]

- Ritmos circadianos. **https://www.nigms.nih.gov/education/fact-sheets/Pages/circadian-rhythms-spanish.aspx** [2021]

www.ingramcontent.com/pod-product-compliance
Lightning Source LLC
LaVergne TN
LVHW010538160826
845677LV00013B/2921

* 9 7 8 8 4 1 9 3 7 4 4 3 1 *